ISBN 978-7-5427-7671-6

定价：58.00元

上海科技工作者法律知识丛书

技术合同法律问答

Law of Technology Contract

Q & A

叶青 马兴发 主编

上海科学普及出版社

上海科技工作者法律知识丛书编辑委员会

主　任　马兴发　叶　青
编　委　（以姓名笔画为序）

  吕国强　吴人杰　张　君　张明春
  陈亚娟　陈建伟　俞卫锋　贺　莉
  顾跃进　陶鑫良　黄武双　盛雷鸣
  薛　凡

《技术合同法律问答》

主　编　叶　青　马兴发
副主编　唐　波　程　衍
编写人　（以撰稿先后为序）

  罗诚诚　孙　波　彭建波　卢　莹
  李小猛　易　慧　孔祥伟　蔡　艺
  朱西彤　程　衍　孙　宇

目 录

1 前言

1 第一部分 《合同法》总则法律知识

3 第一章 《合同法》总则的一般规定

3 　　什么是合同？

4 　　【案例】 遗赠扶养协议是合同吗？

6 　　合同和协议是一回事吗？

7 　　什么是无名合同？

8 　　什么是涉外合同？

10 　　订立合同应当遵循哪些基本原则？

16 　　【案例】 双方意思表示一致订立代孕合同是否有效？

17 　　对合同的解释应该遵循什么基本原则和规则？

19 　　【案例】 张良与山东孔府家集团有限公司技术合同纠纷案

23	**第二章　合同的订立**
23	订立合同对当事人民事权利能力有何要求？
25	合同的形式要件是什么？
27	合同的内容要素有哪些？
28	什么是合同的要约、要约邀请？
32	【案例】传真是要约还是要约邀请？
33	要约生效、失效的条件是什么？
36	什么是要约的撤回和撤销？
39	什么是《合同法》意义上的"承诺"？
41	承诺的方式有哪些？
42	什么是承诺的期限？
44	如何判断承诺生效与否？
45	何为承诺迟到？
47	承诺可以撤回吗？
48	承诺的变更指的是什么？
48	怎样确定合同成立的时间、地点？
51	【案例】未盖章的合同是否成立？
52	怎样确定合同成立的地点？
54	什么是格式条款？《合同法》对格式条款有何限

制性规定？
58 如何进行格式条款的解释？
59 什么是缔约过失？造成缔约过失要承担什么法律责任？
62 什么是合同的保密义务？违背保密义务要承担什么法律责任？

63 **第三章 合同的效力**
63   合同的成立和合同的生效有何关系？
67   附条件、附期限的合同何时生效？
68   限制民事行为能力人订立的合同有效吗？
69   什么是无权代理？无权代理人签订的合同有效吗？
70   什么是表见代理？表见代理人签订的合同有效吗？
72   法定代表人越权签订的合同有效吗？
73   无权处分人订立的合同有效吗？
75   合同无效的情形有哪些？
76   什么是可撤销合同？行使撤销权有何限制？

78 **第四章 合同的履行**
78   合同约定不明时应当怎样补救和履行？

80　什么是向第三人履行的合同？

81　合同履行的抗辩权有哪些？

82　当事人应当如何行使抗辩权？

84　因债权人原因造成的债务履行困难应当怎样处理？

84　债务可以提前履行或部分履行吗？

85　债务人怠于行使或者放弃到期债权，债权人有何救济手段？

89　【案例】 中国农业银行汇金支行诉张家港涤纶厂代位权纠纷案

96　**第五章　合同的变更和转让**

96　合同变更要满足什么条件？

98　什么是债权转让？发生债权转让会产生哪些新的权利义务关系？

101　【案例】 陕西西岳山庄有限公司与中建三局建发工程有限公司、中建三局第三建设工程有限责任公司建设工程施工合同纠纷案

105　什么叫债务转移？发生债务转移会产生哪些新的权利义务关系？

106	什么是概括转让？发生概括转让会产生哪些新的权利义务关系？
108	**第六章 合同的权利义务终止**
108	合同消灭的原因有哪些？
110	合同消灭后当事人还应履行什么法律义务？
111	合同的约定解除、法定解除分别是什么？
112	合同解除权的行使有什么限制？
113	法定解除合同的效力是什么？
114	什么是债务的抵消？法律对债务抵消有什么限制？
115	【案例】怎样确定合同解除的时间和合同解除的异议期间？
118	什么情况下可以对合同标的物提存？提存后有何法律后果？
119	**第七章 违约责任**
119	什么是违约责任？
120	《合同法》对金钱债务和非金钱债务的违约责任有何规定？
120	什么是瑕疵履行？瑕疵履行有什么法律救济手段？

122	法律对履行义务或实施补救措施后的损害赔偿有何规定?
123	法律对违约金、定金是如何定义的?
124	应该怎样选择适用违约金、定金?
128	【案例】 人民法院能否依职权主动对违约金的数额进行调整?
131	什么是合同履行的不可抗力?发生不可抗力时应注意什么?
132	什么是《合同法》的减损规则?
133	双方违约、因第三人原因违约和责任竞合时应当承担什么法律责任?
133	【案例】 在双务合同中,双方均存在违约情况时如何确定双方当事人的解除权?
135	合同产生争议时当事人应如何依法解决争议?

139　第二部分　技术合同法律知识

141　第一章　技术合同的一般规定

141　　什么是技术合同?

142 【案例】 当事人意思表示一致达成的合同构成有效技术合同

144 技术合同有哪几种类型?

145 与其他合同相比,技术合同有哪些特征?

149 技术合同的主体包括哪些?

153 什么是技术合同的客体?其具有哪些特殊性?

156 技术合同中通常包括哪些条款?

160 技术合同的议价原则是什么?

161 技术合同的定价依据是什么?

162 技术合同中的价款、报酬和使用费的支付方式有哪几种?

164 【案例】 广东阳江制药厂有限公司与北京中西经纬释药技术有限公司技术转让合同纠纷上诉案

165 合同双方当事人在订立技术合同时能否协商确定免责条件?

167 与法人的内部机构订立的技术合同是否有效?

169 技术合同的法律拘束力从何体现?

171 【案例】 哈尔滨普华煤燃烧技术开发中心诉华效

有限公司技术合同纠纷案

174 《合同法》对技术合同的无效情形做了怎样的特殊规定?

176 技术合同的认定登记是技术合同成立的必要条件吗?

178 如何进行技术合同的认定登记?

182 认定登记技术合同有何益处?

183 法律对技术合同的诉讼时效作何规定?

185 **第二章 技术开发合同**

185 什么是技术开发合同?

186 技术开发合同相比于其他技术合同有何不同?

188 履行技术开发合同应防范哪些风险?

191 技术开发合同履行中的风险责任应当如何负担?

192 【案例】 南京瑞年百思特制药有限公司诉南京京华生物工程有限公司技术合同纠纷案

195 《合同法》规定的技术开发合同的特殊解除事由是什么?

196 什么是委托开发合同?

198	委托开发合同中的委托方有哪些主要义务?
202	委托开发合同中的研究开发方有哪些主要义务?
205	委托开发合同中出现何种情形属于研究开发方违约?
206	【案例】如何让委托开发合同中的研究开发人承担违约责任?
208	基于委托开发合同产生的发明创造的专利申请权以及专利权归属于谁?
211	什么是合作开发合同?
212	合作开发合同中的各方当事人有哪些主要义务?
215	在合作开发合同的履行中,常见的违约情形有哪几种?
217	基于合作开发合同产生的发明创造的专利申请权及专利权归属于谁?
219	【案例】合作开发合同中发明创造归属与分享问题

220	**第三章 技术转让合同**
220	技术转让合同的内容包括哪些?
224	技术转让合同应当采取何种形式?

225　技术转让合同可以约定的转让范围有哪些？不得约定的内容是哪些？

229　专利权人转让专利的禁止性规定有哪些？

230　【案例】专利转让后让与人未提供技术服务且专利被宣布无效，受让人如何维权？

232　专利实施许可合同让与人的法定合同义务有哪些？

237　专利实施许可合同受让人的法定合同义务有哪些？

239　技术秘密转让合同让与人的法定义务有哪些？

241　技术秘密转让合同的受让人的法定义务有哪些？

241　【案例】技术秘密被公开，让与人如何维权？

243　让与人转让技术的前提条件有哪些？

244　技术转让合同的受让人可以公开的合同秘密范围是哪些？

245　技术转让合同的违约情形有哪些？

246　【案例】张英华诉广州市奥康保健品有限公司技术秘密泄露案

249　技术转让合同的让与人违约后要承担什么法律责任？

250　【案例】技术交接完全的判断标准

251	技术转让合同的受让人如未按约定支付费用,后果如何?
252	【案例】 盛泰消音隔热材料有限公司诉张勇案
254	受让人按照约定实施专利、使用技术秘密侵害他人合法权益的,应由谁来承担法律责任?
255	在技术转让合同中实施专利、使用技术秘密的后续改进技术成果应如何分享?
256	技术转让合同的让与人应当保证所提供的技术有哪些品质?
257	【案例】 仁合汇金化工有限公司诉闽桂粉体有限公司案

259	**第四章 技术咨询合同和技术服务合同**
259	专利权有效期限届满后,之前签订的专利实施许可合同会有什么法律后果?
260	【案例】 专利转让后专利权被终止问题的处理
261	技术咨询合同的具体种类有哪些?
262	【案例】 何为"以合法形式掩盖非法目的"?
264	技术咨询合同委托人的法定义务有哪些?

265 【案例】 委托人不履行合同义务应承担责任

266 技术咨询合同受托人的法定义务有哪些?

267 【案例】 技术咨询合同受托人的资质要求问题

269 如果技术咨询合同委托人不履行相应合同义务,应当承担何种法律责任?

271 技术咨询合同受托人提出的咨询报告应当达到何种标准?

271 【案例】 卢德荣与贵州地元生态工程有限公司等技术咨询合同纠纷案

274 如果技术咨询合同的受托人未按期提出咨询报告或者提出的咨询报告不符合约定,应承担何种法律责任?

274 技术咨询合同的委托人按照受托人符合约定要求的咨询报告和意见作出决策所造成的损失,应当由哪一方承担?

276 【案例】 重庆市渝北区黄印煤矿与重庆一三六地质队技术合同纠纷案

279 什么是技术服务合同?

281 技术服务合同的委托人的法定义务有哪些?

283 技术服务合同的委托人应当提供哪些工作条件？

283 技术服务合同受托人的法定义务有哪些？

284 技术服务合同的委托人不履行法定义务的后果是什么？

286 技术服务合同的委托人不履行法定义务造成合同未能完成，委托人已支付的报酬如何处理？

287 技术服务合同的委托人不履行法定义务导致合同未能完成，未支付的报酬应如何处理？

288 【案例】 中建奔达公司与澳川公司技术服务合同纠纷案

291 技术服务合同的受托人不履行法定义务的后果有哪些？

292 【案例】 福成公司与戴梅芳技术服务合同纠纷案

295 技术服务合同的委托人不履行法定义务达到何种程度时应承担不利后果？

296 技术咨询合同履行过程中，受托人利用委托人提供的技术资料和工作条件完成的新技术成果归属于谁？

298 委托人利用受托人的工作成果完成的新技术成果

应当归谁所有？

299 在技术咨询合同、技术服务合同中，当事人是否可约定成果的归属主体？

301 附录 上海市有关技术合同与鼓励技术创新规范性文件一览表

前言

Preface

《技术合同法律问答》是"上海科技工作者法律知识丛书"之一，是一本专门介绍我国技术合同法律知识的实用读物。本书的编写沿用已出版的《知识产权问答》《劳动与生活法律问答》的体例，围绕科技工作者在日常工作和生活中所关注的合同订立、变更、解除、履行等问题作出法理解释并以案释法。

合同是民事主体之间建立法律联系的最主要的方式。当下，就我们每个个体而言，购买商品、服务外包、旅游观光、餐饮住宿、房产交易、公交出行等日常生活都需借助合同才能完成。就法人或单位而言，采购原料、出售产品、转让技术、工程承包、租赁维修、购买服务、融资借贷等经营活动也离不开彼此签订的合同来加以实现。我国《合同法》第二条明确规定："本法所称合同是平等主体的自然人、法人、其他组织之间设立、变更、终止民事权利义务关系的协议。"从法理上讲，所谓协议，又称合意，指各行为人的意思表示一致。从一般意义上讲，协议与合同都具有法律效力，但因合同在法理性质上属于民事法律范围，协议却不受此限，故而，合同的内容更加详细、明确、具体，并有不可缺少的必要条款，甚至还有为确保合同实际履行的保障条款和救济条款;协议一般比较简略,多数情况下只写入一些原则性约定,实践中通常表现为框架性意见,较少涉及履行协议的保障及救济的内容。在法律效力上,由于合同主要确认了当事人双方就权利和义务达成的一致意见,其效力也比协议更强。

随着我国市场经济和法治建设的不断深入发展,合同制度已成为现代社会生产生活中不可缺少的重要组成部分。没有合同,交易将无法想象;没有合同,合法权利的实现将无从谈起。在一个法治社会,促进社会资源的优化配置与减少损耗,尊重当事人的自由意志与克减政府不必要的直接行政干预,明确市场交易主体的利益责任与促进双方合作、鼓励交易的合同三大基本价值日益凸显,并被人们高度认同。对广大科技工作者而言,学习、了解合同法律知识,一方面是日常工作与美好生活的需要,另一方面也是维护与保障自身合法权益的需要。我们希望本书的出版可以满足广大科技工作者的需求,成为大家学法、尊法、守法、用法的好帮手。

《技术合同法律问答》由上海市科学技术协会与华东政法大学共同组织编写。由华东政法大学校长叶青教授和上海市科学技术协会党组书记、副主席马兴发担任主编;华东政法大学党委副书记唐波教授、华东政法大学科学研究院助理研究员程衍博士担任副主编。本书由主编、副主编负责策划、审稿、定稿。华东政法大学诉讼法学研究中心博士生孔祥伟担任本书编写组的学术秘书，协助主编做了大量的编务和联络工作。本书编写人员均为华东政法大学诉讼法学研究中心、经济法学院的教师、博士生和硕士生。本书的编写与出版得到了上海市科学技术协会法律咨询委员会成员单位的指导与帮助，同时也得到了上海科学普及出版社的大力支持，在此一并表示衷心的感谢！

"上海科技工作者法律知识丛书"

编辑委员会

2019年10月

第一部分

《合同法》总则法律知识

Part One

Legal Knowledge of General Provisions of Contract Law

第一章 《合同法》总则的一般规定

什么是合同?

答 合同是民事主体之间建立法律联系的最主要方式。就自然人而言,购买商品、旅游观光、接打电话、乘坐各种公共交通工具都需借助合同完成。就法人或非法人组织而言,采购原料、出售产品、转让技术、租赁房屋、向银行贷款也需借助合同完成。可以说,合同是民事主体践行意思自治的重要手段,是民法精神的集中体现。

我国《合同法》第二条规定:"本法所称合同是平等主体的自然人、法人、其他组织之间设立、变更、终止民事权利义务关系的协议。婚姻、收养、监护等有关身份关系的协议,适用其他法律的规定。"该规定包含三层含义。第一,该规定将调整对象界定为民事合同,排除了《合同法》对行政合同和劳动合同的适用。这两类合同分别由《行政法》和《劳动法》调整。第二,统一调整民事合同,不区分债权合同与物权合同。在德国及受德国影响的国家和地区,法律行为被分为物权行为与债权行为,并往往遵循物权行为的独立性和无因性原则。此种法律思维下的债权合同是指以发生债权债务为目的的合同,物权合同是指以直接发生物权变动为目的的合同。第三,该规定排除对身份合同的适用。身份合同是指以设立、变更、终止身份关系为目的的合同,如离婚、收养、监护等协议。虽然身份合同亦属民事合同的范畴,但由于它以发生身份关系为目的,与以发生财产关系为目的的其他民事合同相比,在目的、基本原则及具体内容上均有相当大的差异,故不在《合同法》的调整范围之内,而是适用其他民事法律,如《民法总则》《婚姻法》《收养法》等。

在日常生活中,当事人有时以合同的形式实施某些不具有民法意义的活动,如帮近亲属照顾小孩、请人吃饭、免费搭车等。在民法上,此类行为被称为"情谊行为",并非《合同法》调整范围内的合同,不具有法律意义。

【案例】 遗赠扶养协议是合同吗?

案例简介:甲年已六十,膝下无子女,有路边平房2间。乙为本村青年,常帮助甲打理日常事务。为从长计议,现甲、乙经村委会主持达成书面协议如下：（1）乙对甲负责生前扶养、医疗及去世后安葬；（2）甲百年之后，路边平房2间归乙所有。现甲将平房借给邻居丙使用，乙因与丙不和，不同意丙使用，甲坚持借给丙，乙为此不再扶养甲达1个月。甲现向法院提起诉讼要求乙履行协议。[1]

知识点：《合同法》第二条规定："婚姻、收养、监护等有关身份关系的协议，适用其他法律的规定。"依此规定，有关身份关系的协议虽然也属于设立、变更终止民事权利义务关系的协议，但不属于合同法上规定的合同，合同法不调整身份关系。

本案中，当事人签订的协议为遗赠扶养协议。遗赠扶养协议内容主要有二：一是扶养人对受扶养人的生前扶养及去世后安葬；二是受扶养人死后财产归扶养人所有。此两项内容不牵涉亲情人伦关系的创设。因此，遗赠扶养协议并非《合同法》第二条意义上的"身份关系的协议"，与离婚、收养、监护等身份关系无关，因而属于合同法所规范的"合同"。遗赠扶养协议

---

[1] 案例改编自郭明瑞、张平华：《合同法学案例教程》，北京知识产权出版社2003年版，第5页。

应该是"适用"合同法的规定而不是"准用"《合同法》的规定。至于遗赠扶养协议规定在继承法的理由,则是民法典的立法技术使然,并不意味着遗赠扶养协议为身份关系的协议。

合同和协议是一回事吗?

答 所谓协议,又称合意,指各行为人的意思表示一致。协议关系可分两类。第一,契合关系。表示人只有双方,互为表示对象,且表示的内容相互契合,即须相对方以特定行为配合才能实现,双方均接受相对方的表示,允诺以特定行为配合相对方实现其目的。第二,平行关系。表示人为多方(含双方),组成特定团体,表示内容相同,形成决议、章程。事实上表示人不仅仅是自然人,还可以是法人、社会组织,甚至于政府、国家等。[1]

在性质上,合同属于民事法律范围,协议却不受此限。乡政府可与农户签订土地、荒山、鱼塘水域等承包协议,学校

---

[1] 李锡鹤:《应区分合同与非合同协议、伪协议》,《东方法学》2012年第2期。

可与被委派出国留学的学生签订出国留学协议,学生会与学生可签订学生自律协议等,皆属于协议的范畴。

关于内容,两者在内容详略上有所区别。合同的内容详细、明确、具体,并有不可缺少的主要条款,甚至还有为确保合同履行的保障条款;协议一般比较粗略,多数只写一些原则约定,较少涉及履行协议的具体细节。此外,两者在内容侧重点上存在差异。协议主要是表达当事人各方就某些要点和原则达成的一致意见;合同主要是表达当事人就相互权利和义务达成的一致意见。

协议和合同在使用范围上也有所区别。合同更多的是在经济、贸易、建筑等领域内使用,协议的使用范围比合同广泛,可以涉及各个领域、各个方面。

在法律效力上,两者虽然都具有法律效力,但是理论上合同的效力比协议更强。

什么是无名合同?

答 根据填补合同漏洞所适用的法律规则的不同,我国将合同分为有名合同和无名合同。无名合同,又称非典型合同,是指《合同法》分则或者其他法律没有明文规定的合同，以及法律未以一定的名称及法律规则对其进行规定的合同。无名合同分为纯粹的无名合同、混合合同以及准混合合同三种。纯粹的无名合同是指不以任何有名合同的事项为内容的合同，即合同规定的内容完全未在有名合同中进行规制。混合合同，是指在一个有名合同中添加规定其他有名合同事项的合同。准混合合同，是指在一个有名合同中添加无名合同事项的合同。

有名合同与无名合同最大的区别在于，有名合同在《合同法》或其他法律中明确规定了名称及规则，如《合同法》分则中的买卖合同、赠与合同、租赁合同、借款合同，《物权法》中的抵押合同、质押合同，《担保法》中的保证合同等。因合同规定不明发生争议时，有名合同可以适用《合同法》或者其他法律法规中具体的有针对性的规定。而无名合同因为没有法律的明确规定，在因合同规定不明而发生争议时，只能适用《合同法》总则，或参考其他法律的相似规定。

什么是涉外合同？

❷ 根据合同是否具有涉外因素，我国《合同法》将合同

分为国内合同和涉外合同。涉外合同,是指具有涉外因素的合同,即合同的当事人、合同客体或者合同的产生、变更、终止合同关系的法律事实中任何一个具有涉外因素的合同。如国际货物买卖合同、中外合资经营企业合同、中外合作勘探开发自然资源合同、涉外技术转让或者引进合同、涉外委托合同、国际运输合同等。

根据《最高人民法院关于适用〈中华人民共和国涉外民事关系法律适用法〉若干问题的解释(一)》第一条的规定,具有下列情形之一的,人民法院可以认为涉外民事关系。

(一)当事人一方或者双方是外国公民、外国法人或者其他组织、无国籍人;

(二)当事人一方或者双方的经常居所地在中华人民共和国领域外;

(三)标的物在中华人民共和国领域外;

(四)产生、变更或者消灭民事关系的法律事实发生在中华人民共和国领域外;

(五)可以认定为涉外民事关系的其他情形。

在涉外合同中,当事人双方通常可以自主选择民事法律关系所适用的法律。但是,当我国法律对涉外民事关系有强制性规定或者适用外国法律将会损害我国社会公共利益时,则直接适用强制性规定或者我国法律。

订立合同应当遵循哪些基本原则?

答 合同订立是一个动态的过程,是当事人为实现预期目的,为意思表示并达成合意的过程。它包含了当事人各方为进行交易,与对方进行接触、洽谈,直至双方当事人意思表示一致,形成合意。在此过程中需要遵守平等原则、合同自由原则、公平原则、合法性原则和公序良俗原则等,这些原则也是合同法的基本原则。

(一)平等原则。《合同法》第三条规定:"合同当事人的法律地位平等,一方不得将自己的意志强加给另一方。"该条款确立了合同当事人法律地位平等原则,简称平等原则。平等原则反映了合同法所调整的社会关系的本质特征,是平等原则在合同法中的具体体现。该原则在合同的各个阶段都体现出来,合同的订立自然也需要遵守该原则。平等原则体现在以下几个方面。

第一,合同当事人的人格平等。在法律上,任何一个民事主体都具有独立的人格。民事主体对人格独立享有，表现为民事主体在人格上一律平等，在法律面前，任何民事主体都享有平等的主体资格，享有独立人格，不受他人的支配、干涉和控制。在合同订立过程中，作为独立民事主体的当事人有权以自己的名义与他人订立合同。

第二，合同当事人的地位平等。地位平等，是民事主体人格平等的具体体现，也是社会主义市场经济对经济秩序、交易秩序的基本要求。当事人地位平等可以从以下几个方面理解：首先，合同当事人的权利平等，无论是在订立合同的权利上，还是履行合同的权利上，一方当事人不能高于另一方当事人的权利；其次，合同当事人维护自己合同债权的权利平等；最后，合同当事人在具体合同中利益不对等不意味着地位不平等。

平等原则要求合同当事人在法律上享受同等待遇，无论其为自然人还是法人，中国人还是外国人，经济能力强还是弱，都同等地获得法律的保护和约束。

（二）合同自由原则。《合同法》第四条规定："当事人依法享有自愿订立合同的权利，任何单位和个人不得非法干预。"本条确立的是合同法中最核心的原则——合同自由原则。合同自由又称契约自由,它强调合同约束力的根源在于当事人双方的意思或意愿,而不是外部力量的干涉。只有依照当事人的自由意思订立的合同才具有合理性,才能对当事人产生强制力,才能具有相当于法律的效力。[1]因此,合同自由原则表达了两层意思:首先,在合同的整个生命周期(从合同订立到合同终止)中,法律充分尊重当事人的意思自治;其次,在合同的整个生命周期中,法律均不允许当事人的意思自治受到外部力量的非法干预。

合同自由体现为以下五个方面:(1)缔结合同的自由,即当事人有权自主决定是否与他人签订合同;(2)选择合同相对人的自由,即当事人有权决定与何人订立合同;(3)确定合同内容的自由,即当事人有权选择合同类型和合同条款;(4)选择合同形式的自由,即当事人有权自由选择合同的表现形式;(5)变更和解除合同的自由,即当事人有权通过协商,变更合同的内容或者解除合同。

(三)公平原则。《合同法》第五条规定:"当事人应当遵

---

[1] 苏号朋:《合同的订立与效力》,中国法制出版社1999年版,第60页。

循公平原则确定各方的权利和义务。"此即合同法的公平原则。

公平原则是与合同自由原则相对应的一项合同法基本原则。合同自由不能是无限的、绝对的,不能将合同自由原则解释成为绝对的自由,更不能解释为合同的自由主义。公平原则是对滥用合同自由原则的制约。公平原则和合同自由是相辅相成的两个原则。

(四)诚实信用原则。《合同法》第六条规定:"当事人行使权利、履行义务应当遵循诚实信用原则。"此即诚实信用原则。

在合同订立的阶段,尽管合同尚未成立,但当事人已经在磋商订立合同,有了缔约上的联系。依据诚信原则,订约当事人应当履行以下义务。

一是忠实义务。在订约中,当事人一方应当如实向对方陈述商品的质量,包括存在的瑕疵,同时向对方如实陈述自己的财产状况、履行能力等,不得作虚伪陈述。

二是诚实、守信,不得欺诈他人。在订约期间如果情势发生变化,应当及时通知对方,避免对方当事人因此受到损失。

三是相互照顾和协力义务。订约当事人的任何一方,都不得利用自己的特殊地位以及经济优势，牟取不正当利益并致他人损害。

以上这些义务，都是依据诚信原则在订约过程中的先契约阶段当事人应当履行的义务。先契约阶段，就是订立合同的相互磋商阶段。先契约阶段当事人的这种附随义务，产生信赖利益。当一方不履行这种义务，给对方当事人造成信赖利益的损害时，构成缔约过失责任。《合同法》第四十二条[1]对这种民事责任作出了具体的规定。

（五）合法性原则。《合同法》第七条规定，当事人订立、履行合同，应当遵守法律、行政法规。这一规定确立了合法性原则。

根据该原则的要求，当事人订立、履行合同应当遵守法律、行政法规的强制性规定，否则将受到法律的否定性评价。如果当事人订立的合同违法，则合同无效；如果当事人在合同履行过程中违法，则应向对方当事人承担违约责任；如其行为

---

[1]《合同法》第四十二条规定："当事人在订立合同过程中有下列情形之一，给对方造成损失的，应当承担损害赔偿责任：（一）假借订立合同，恶意进行磋商；（二）故意隐瞒与订立合同有关的重要事实或者提供虚假情况；（三）有其他违背诚实信用原则的行为。"

触犯公法，还应承担行政责任或刑事责任，合法性原则划定了当事人意思自治的边界，是对当事人自由的限制。需说明的是，法律、行政法规中的任意性规定仅具有补充当事人意思的作用，对当事人不具有强制适用的效力。如果当人在合同中作出与其不同的约定，亦不违法。

（六）公序良俗原则。《合同法》第七条规定，当事人订立、履行合同，应当尊重社会公德，不得扰乱社会经济秩序，损害社会公共利益。这一规定确立了公序良俗原则。

公序良俗原则中的"公序"指公共秩序，"良俗"指善良风俗。公共秩序既包括一个国家的现行法律秩序，也包括作为法律秩序基础的根本原则和根本理念等。善良风俗是指个社会应有的道德准则和伦理秩序。在中国法律语言中，公序良俗以"国家政策""社会公德""社会道德风尚""社会主义道德风尚""商业道德""职业道德""公共道德""社会经济秩序""社会公共利益""公共利益""国家利益"等加以表述。其中最经常使用的是"社会公德""社会经济秩序""社会公共利益"和"国家利益"。公序良俗原则要求合同的内容及目的不得违反公共秩序和善良风俗。公序良俗原则的主要目的是补充法律规则的不足，但由于该原则的内涵非常抽象，因而需要在具体案件中运用价值判断使其具体化。

【案例】双方意思表示一致订立代孕合同是否有效?

案例简介:李某(男)早年丧子,由于其妻年龄大不能再生育,遂产生借腹生子的念头。某年9月8日,李某与刘某(女)订立《借腹生子协议书》,约定由李某付给刘某4万元,由刘某在一年内为李某怀孕生子。同月29日,李某向刘某支付现金2万元。但是半年后,刘某并未怀孕,李某反悔,要求刘某返还2万元现金,刘某以自己遭受损失为由拒不返还,双方因此发生争执。李某遂诉至法院要求刘某返还财产。[1]

知识点:自然人实施的民事行为只有在不违反法律或社会公共利益的情况下才能发生当事人预期的法律后果,否则将被认定为无效。《合同法》第五十二条[2]规定了合同无效的情

---

[1] 苏号朋:《合同法教程》,中国人民大学出版社2011年版,第45页。
[2] 《合同法》第五十二条规定:"有下列情形之一的,合同无效:(一)一方以欺诈、胁迫的手段订立合同,损害国家利益;(二)恶意串通,损害国家、集体或者第三人利益;(三)以合法形式掩盖非法目的;(四)损害社会公共利益;(五)违反法律、行政法规的强制性规定。"

形，合同内容违反公序良俗就是其中的第四种情形。

在本案中，李某与刘某订立的《借腹生子协议书》有违公序良俗，应认定为无效，刘某基于该协议所取得的财产（2万元现金）应予以返还。但是，双方对此行为均存在过错，对于合同无效均存在缔约过失，应各自承担相应的缔约过失责任。其中，李某明知借腹生子违背公序良俗仍主动找刘某为其生子，应承担主要责任，刘某承担次要责任。

对合同的解释应该遵循什么基本原则和规则？

答 合同的解释是指当对合同条款或者合同用语的理解发生歧义时，法院或者仲裁机构按照一定的规则和方法对其作出确定性的判断的过程。《合同法》第一百二十五条规定："当事人对合同条款的理解有争议的，应当按照合同所使用的词句、合同的有关条款、合同的目的、交易习惯以及诚实信用原则，确定该条款的真实意思。合同文本采用两种以上文字订立并约定具有同等效力的，对各文本使用的词句推定具有相同含义。各文本使用的词句不一致的，应当根据合同的目的予以解释。"

归纳而言，除了最基本的合法原则、诚实信用原则外，合同的解释可以采用以下规则。

（一）文义解释。以合同文义为出发点，客观主义与主观主义相结合，即根据词语的字面含义来确定法律的意思。在一般情况下，可以根据词语的日常含义来确定法律的意思。

（二）体系解释。即将全部合同条款和构成部分看作一个统一的整体，从各个合同条款及构成部分的相互关联、所处位置以及总体联系上阐述合同争议处的用语含义。

（三）历史解释。合同是交易过程中的一个环节，在对合同进行解释时，不能掐头去尾，而要根据合同签订的事实和资料、双方协商过程以及来往文件等加以解释。

（四）符合合同目的原则。合同的订立必然是为了实现某一目的，合同的条款都是为了实现该目的的手段。合同解释时，也应当依照当事人所达到的经济或者社会效果而对合同进行解释。当然，这个目的应当是双方一致的意思表示。

（五）参照习惯或者惯例原则。即在合同文字或者条款含义发生歧义时，参照习惯或者惯例予以明确。习惯包括通用的一般习惯、特殊地域或行业的特殊习惯以及当事人之间的特别约定。一般情况下，在合同无规定的情况下，特殊习惯优于一般习惯。

【案例】 张良与山东孔府家集团有限公司技术合同纠纷案

案例简介：张良于1998年6月4日向国家专利局申请"酒瓶"外观设计专利。同年6月17日，孔府家集团总经理邱振新（甲方）与张良（乙方）签订《使用酒瓶包装协议》，内容为"张良同志设计的道德人家酒瓶及包装盒样品，经厂领导看后，决定采用小量试销，如市场反应良好，孔府家集团先聘任张良为产品设计师，他设计的道德人家酒瓶专利权及专利费再另商议。协议如下：一、甲方聘任张良同志为产品包装设计师，并支付给乙方报酬年薪3万元，按年度支付。乙方在被聘任期间该'酒瓶'及外包装专利权提供无偿使用。二、上述内容签字生效，并具有法律效力"。

1998年12月25日，国家专利局向张良颁发了证书号为第100810号的"外观设计专利证书"，外观设计名称为"酒瓶"。1999年1月12日，孔府家集团原总经理邱振新（甲方）与张良（乙方）又签订了一份《孔府家集团聘请张良同志设计包装的协议书》，内容为："为开发新产品，提高产品包装质量,1998年5月请张良同志帮助设计了道德人家酒系列包装。投放市场后反映良好,为进一步开发完善产品包装,经双方协商同意,达成协议如下:一、甲方自1998年5月至2003年5月,聘请张良同志为产品包装设计师。二、聘任期间每年支付给乙方报酬年薪3万元,按年度支付。三、乙方在被聘任期间,为孔府家设计的各种包装版权、专利权,使用权归甲方所有,不再收取费用,乙方不得转让他人。四、聘任期间本协议不受法人变更的影响。五、违约责任:违约方承担责任。六、本协议签字盖章有效。"因孔府家集团在合同到期后继续使用张良的酒瓶设计及外观包装,双方就重新签订合同一事协商未成,张良要求孔府家集团支付聘任期满后的专利及版权使用费。但是关于1999年协议书第三条,孔府家对该条的理解是,凡是在聘任期间为孔府家设计的包装版权、专利使用权均无须支付费用。张良对此的解释为:仅在聘任期间对设计的包装版权及专利使用权不支付相关费用,双方无法协商一致。张良于2004年6月8日诉至法院要求孔府家集团停止侵权行为,解除专利实施许可合同,并支付技术成果使用费52 500元。

法院认定本案为技术合同纠纷。关于涉案酒瓶专利的权属与使用权问题，主要涉及对合同的解释，也即对1999年所签协议书第三条的解释。第三条规定，乙方在被聘任期间，为孔府家设计的各种包装版权、专利权使用权归甲方所有，不再收取费用，乙方不得转让他人。法庭认为，因为专利实施许可合同已经因为合同期限届满而终止，没有解除的必要。结合1998年版协议的第二条："甲方聘任张良同志为产品包装设计师，并支付给乙方报酬年薪3万元，按照年度支付。乙方在被聘任期间该酒瓶及外包装专利权提供无偿使用。"可知，"在被聘任期间"是用于限定使用权行使期限的，双方的意思合意应为孔府家集团仅在聘用期间享有专利使用权，张良不额外收费。法庭最终判决山东孔府家集团停止侵犯专利权行为，并支付经济补偿52 500元。[1]

知识点：本案应认定为技术合同纠纷，而非一般的专利实施许可合同纠纷。所谓技术合同纠纷，是指当事人就技术开发、转让、咨询或者服务订立合同或者履行合同过程中所发生的纠纷。本案应当认定为技术合同纠纷原因在于，包装设计及

---

[1] 参见山东省高级人民法院（2005）鲁民三终字第29号民事判决书。

专利申请均在双方协议签订之前,故双方签订的合同应为委托设计合同。此外,合同的内容不仅包括已经申请的酒瓶专利,也包括包装版权,不是单纯的专利实施许可合同。

合同的解释就是要通过当事人间的合同文本,探究当事人的内心真意。法院对比1998年版协议对该问题的合同条文,是通过对整个协议的修订过程来理解合同目的,从而对争议条文进行解读。合同中的该项约定针对专利使用权的合同用语并不规范,但由于条款中在"使用权归甲方所有"之前使用逗号,与"各种包装版权、专利权"断开,其文义应理解为"乙方在被聘任期间,为孔府家设计的各种包装涉及版权、专利权的,其权利中的使用权归甲方所有"。此外,结合双方1998年版协议进行分析,孔府家集团虽主张张良提供的1998年版协议为复印件不予质证,但其在上诉状中多次引用该协议第二条——"甲方聘任张良同志为产品包装设计师,并支付给乙方报酬年薪3万元,按年度支付。乙方在被聘任期间该'酒瓶'及外包装专利权提供无偿使用。"可见,孔府家集团对该项约定的真实性并无异议。而该项条款中对涉案专利使用权的约定与1999年版协议相一致,双方当事人的意思表示在两份协议文本中并无矛盾。法院对于合同的解释认定运用了文义解释、历史解释和符合合同目的的解释的方法，根据合同签订的事实和资料、双方协商过程以及来往文件等加以解释。

第二章 合同的订立

订立合同对当事人民事权利能力有何要求？

🅰 订立合同的主体是合同的当事人，即订立合同的自然人、法人和其他组织。在合同关系中，订立合同的当事人既是合同主体，也是缔约主体。作为从事民事法律行为的合同主体和订约主体，都应当经过法律的许可，允许其从事一定范围的民事法律活动。《合同法》第九条规定："当事人订立合同，应当具有相应的民事权利能力和民事行为能力。当事人依法可以委托代理人订立合同。"按照该条的要求，订立合同的当事人必须具有相应的民事权利能力。民事权利能力是法律赋予主体享有民事权利，承担民事义务的资格或者法律地位。具有民事权利能力，是实施民事行为的前提。法律没有授予主体民事权利能力，他就不能作为民事主体从事民事行为，订立合同。该法律规定属于强制性规定，不允许当事人以自由意思予以排除或者变更。

依照《民法总则》第十三条的规定:"自然人从出生时起到死亡时止,具有民事权利能力,依法享有民事权利,承担民事义务。"因而,我国自然人终生享有民事权利能力,自然人之间民事权利能力平等,每一个自然人都有依法订立合同的权利能力。

《合同法》对外国人和无国籍人的民事权利能力适用问题没有规定。对此,应当适用《民法通则》第八条关于在我国境内的外国人、无国籍人的规定,即除法律另有规定外,适用关于公民(自然人)的规定,凡是具有民事权利能力,居住在我国境内的外国人、无国籍人,按照我国自然人一样对待,都具有订立合同的民事权利能力。他们之间依法订立的合同和与我国自然人依法订立的合同,都具有法律效力。

法人的民事权利能力,依照法律规定,确认其双方具有与其民事权利能力相适应的合同行为的资格。他们的民事权利能力由其核准登记的经营范围决定。上述民事主体在其核准登记的经营范围内,具有《合同法》规定的缔约主体的民事权利能力,依法订立的合同具有法律效力。

其他组织,是指《民法通则》规定的个体工商户、农村承包经营户、个人合伙、联营企业,以及其他能够进行经营的组织。这些其他组织在核准登记的经营范围内,具有《合同法》所需的民事权利能力,依法订立的合同具有法律效力。

合同的形式要件是什么?

🅐 合同形式,又称为合同的方式,是当事人合意的表现形式,是合同内容的外在表现,是合同内容的载体。《合同法》第十条规定:"当事人订立合同,有书面形式、口头形式和其他形式。法律、行政法规规定采用书面形式的,应当采用书面形式。当事人约定采用书面形式的,应当采用书面形式。"《合同法》第十一条规定:"书面形式是指合同书、信件和数据电文(包括电报、电传、传真、电子数据交换和电子邮件)等可以有形地表现所载内容的形式。"这两条是《合同法》对合同形式的具体规定。

合同的具体形式,按照传统的划分方法,可分为书面形式和口头形式。《合同法》则规定为三种:一是书面形式,二是口头形式,三是其他形式。

合同的书面形式是指以文字等有形的表现方式订立合同

的形式。合同书和合同确认书是典型的书面形式的合同。书面形式的合同能够准确地固定合同双方当事人的权利义务,在发生纠纷时,有据可查,便于处理。因此法律要求,凡是比较重要、复杂的合同,应当采用书面形式订立合同。尤其是在当前经济和科技迅猛发展的情况下,合同的书面形式趋向多样化,所以,《合同法》对合同的书面形式予以详细规定,具有重要的实践和理论意义。《合同法》第十一条确认,合同的具体书面形式有合同书、信件以及数据电文,包括电报、电传、传真、电子数据交换和电子邮件。这仅仅是一个列举性规定。随着社会的发展,在实践中会出现新的书面合同形式,例如摄影、录像等合同形式,在实践中就已经出现。这些新的书面合同形式只要符合合同书面形式的要求,不违背合同法的精神,就应当承认其法律效力。

口头形式就是以口头语言的方式订立合同,其意思表示都是用口头语言的形式表示,没有用书面语言记录下来。当事人直接运用语言对话的形式确定合同内容,订立合同,是口头合同的基本特征。口头形式的合同简便易行,在人们的日常生活中经常被使用。其缺点在于一旦合同发生纠纷,当事人面临举证的困难,司法机关无法查明事实的真相,当事人的合法权益得不到保护。所以对于不能及时清结且标的较大的合同,不宜采用口头形式。

其他形式包括公证形式、鉴证形式等。当事人约定合同订立以后还须进行公证或者鉴证的,应当采用公证或者鉴证的形式。

合同的内容要素有哪些?

❷ 合同的内容,就是合同当事人所约定的权利义务,包括合同的权利和合同的义务,简称债权和债务。合同的内容要素,即合同条款。合同条款是合同内容的表现形式,是合同的载体。

合同是当事人合意的产物,合同的内容必然是当事人协商一致的结果。从这个意义上说,合同的条款应当是在不违背禁止性法律规范的情况下,由当事人自由决定,而不是由法律规定。《合同法》第十二条规定:"合同的内容由当事人约定,一般包括以下条款:(一)当事人的名称或者姓名和住所;(二)标的;(三)数量;(四)质量;(五)价款或者报酬;(六)履行期限、地点和方式;(七)违约责任;(八)解决争议的方法。当事人可以参照各类合同的示范文本订立合同。"这一条将合同的一般条款全部列出,为当事人提供了一般合同条款的基本模式,供当事人参考和选择使用。

什么是合同的要约、要约邀请?

答 要约是一方当事人以缔结合同为目的,向对方当事人作出的意思表示。发出要约的人称为要约人,受领要约的人称为受要约人。在贸易实践中,要约又被称为发价、发盘、出盘等。一般来说,订立合同的完整过程包括要约和承诺两个程序,而要约是启动合同订立过程的实质性环节。没有要约,就不可能有承诺,更不可能成立合同。大陆法系认为要约是意思表示,其目的是成立合同这一法律行为。

根据合同法理论及《合同法》第十四条的规定,要约只有在符合以下构成要件时,才能产生相应的法律效力。

(一)要约必须向要约人希望与之缔约的相对人发出。要约人只有向希望与之缔约的人发出要约,才有可能达到订立合同的目的。《合同法》并未对要约的相对人作出一般规定。不过,该法第十五条规定,商业广告的内容符合要约规定的,视为要约。由于商业广告的对象是不特定的社会公众，而《合同法》在商业广告符合要约的法律要求时，将其作为要约对待，这表明了如下态度：要约的相对人既可以是特定人，也可以是不特定的社会公众。在通常情况下，要约都是向特定人（一人或数人）发出的，但实践中也存在向不特定人发出的要约，除商业广告外，还有自动售货机的设置等情形。

（二）要约的内容必须具体确定。《合同法》第十四条规定，要约的内容应当具体确定。至于何为"具体确定"，该法并未作出进一步的认定。我们认为，"要约内容具体"是指要约的内容应当使当事人之间未来成立的合同具备最低程度的内容，即包含足以使合同成立的最基本条款。当然，为了使受要约人更为全面地了解要约人的缔约意图，要约内容应尽可能具体。"要约内容确定"是指要约的内容必须明确、清楚，不能含糊不清，必须使受要约人能够充分了解要约人的真实意图，从而使受要约人能够决定是否向要约人承诺。根据《最高人民法院关于适用〈中华人民共和国合同法〉若干问题的解释（二）》第一条规定：一般情况下，只要合同包括当事人名称或者姓名、标的和数量，即可认定合同成立。这一规定可作为判断"要约内容具体确定"的基本标准，即要约至少要准确、清晰地表达如下内容：要约人的名称或者姓名、主给付义务及其指向的对象、数量。当然，如果就特定合同而言，数量并非必需事项，即使要约未含数量内容，也可以认定要约达到了具体确定的最基本要求。

（三）要约必须具有缔约目的。要约人发出要约的目的在于和受要约人订立合同，因此，要约人应当在要约中充分表明这一意图。依《合同法》第十四条规定，"要约表明经受要约人承诺，要约人即受该意思表示约束"，就是要求要约必须具有缔约目的。至于如何判断某一意思表示是否具有缔约目的，应根据表意人实际使用的语言、文字等情况加以确定。如果表意人不仅是在"考虑""计划""打算""准备"订立合同，而是"决定"或者"愿意"订立合同，则应认定该意思表示具有缔约目的，构成要约。例如，若甲对乙说："我打算把我的自行车卖掉，价格200元左右"，则甲仅是打算订立合同，而没有实际决定订立合同，因此甲的表示不构成要约。但若甲对乙说："我决定以200元的价格把我的自行车卖给你"，则甲已经决定和乙订立一个合同。因此甲的表示构成要约在有些情况下，表意人虽然没有以语言、文字明示缔约目的，但根据其行为，并结合交易习惯，相对人能够合理地相信表意人具有缔约目的的，亦可构成要约。

要约邀请又称要约引诱、要约诱引、邀盘、虚盘，是指引诱他人向其发出要约的行为。要约邀请具有如下特点。

其一，要约邀请是缔约的预备行为。要约邀请人发出要约邀请是希望对方向其发出要约，是要约邀请人对他方缔约目的的试探，因此是缔约的预备行为。

其二，要约邀请没有法律意义。即使相对人接受了要约邀请，也不会因此使要约邀请具有法律约束力。

要约与要约邀请的区别主要有以下几项。

（一）目的不同。要约是要约人希望受要约人与其订立合同的意思表示，而要约邀请是要约邀请人希望相对人向其发出要约的表示。至于在实践中如何判断当事人的目的，我们认为，主要应当根据当事人使用的措辞加以认定。如果是使用诸如"你是否愿意……""你是否有兴趣"等措辞，则应当认定当事人的意图是开始与另一方协商，仅构成要约邀请。如果是使用诸如"我请求……""我愿意…"等措辞，则应当认定该当事人的意图是发出要约。

（二）后果不同。要约一经受要约人承诺，则要约人受基于其要约成立的合同的约束，但要约邀请对行为人并无约束力。

（三）内容的确定性程度不同。要约的内容要求"具体确定"，并要表明一经受要约人承诺，要约人即受该意思表示的约束；而要约邀请并无确定的内容，基本交易条件不明确、不完备，有选择和协商的余地。

【案例】 传真是要约还是要约邀请?

案例简介：某年3月，乙商场欲购进春装，遂向数家服装厂发去传真，称本商场欲购进春装，如有新款，请附图样及说明，本商场将派人前往洽谈。数家服装厂均给乙商场回电，并寄去图样及说明。甲服装厂不仅寄去图样及说明，还送了100套服装到乙商场。乙商场在看货之后，因不满意而决定不购买。甲服装厂遂诉至法院，认为乙商场向自己发来的传真属要约，自己送货上门的行为属承诺，合同成立。乙商场拒收服装是违约行为，应承担违约责任。乙商场则认为自己发出的传真属于要约邀请，甲服装厂的送货行为不是承诺，无权求自己购买服装，应自负送货的损失。[1]

---

[1] 案例改编自苏号朋：《合同法教程》，中国人民大学出版社2011年版，第59页。

知识点：要区分一份传真的性质是要约还是要约邀请，必须要看其是否符合法律对要约的要求。《合同法》第十四条规定："要约是希望和他人订立合同的意思表示，该意思表示应当符合下列规定：（一）内容具体确定；（二）表明经受要约人承诺，要约人即受该意思表示约束。"

在本案中，乙商场在传真中称"本商场欲购进春装，如有新款，请附图样及说明，本商场将派人前往洽谈"，表明乙商场发出传真的目的是请求有订约意向的服装厂向其发出要约，该传真在性质上应属要约邀请。即使甲服装厂寄送了服装图样及说明，甚至将服装送至乙商场，其行为也不构成承诺，当事人之间没有成立合同。由于合同尚未成立，因而乙商场无须对甲服装厂承担违约责任。

要约生效、失效的条件是什么？

答 要约生效，是指要约从什么时间开始发生法律效力。要约的生效时间依不同情形而有所不同。

（一）如果要约是向特定人发出的，则要约的生效时间应根据其形式而定。

1.如果以对话的明示方式作出要约,则要约自受要约人了解时生效,此即了解主义原则。

2.如果以非对话的明示方式作出要约,则要约自到达受要约人时生效,此即到达主义原则。所谓"到达受要约人",并不苛求要约一定交付到受要约人或其代理人手中,只要送达到受要约人所能控制并应当能了解的地方,即视为到达受要约人。如将载有要约的信件放入受要约人的信箱;如采用数据电文形式订立合同,收件人指定特定系统接收数据电文的,该数据电文进入该特定系统的时间,视为到达时间;未指定特定系统的,该数据电文进入收件人的任何系统的首次时间,视为到达时间。

3.如果以行为作出要约,则要约自行为作出之时生效。

(二)如果要约是向不特定人发出的,则要约的生效时间分为两种情形。

1.如要约采用分别投寄的方式,则要约自到达受要约人时生效。

2.如要约采用广播、电视等途径作出时,则要约自发出之时生效。

要约失效是指要约不再对要约人和受要约人具有法律效

力,要约人不再受要约的拘束,受要约人丧失承诺权利。根据《合同法》第二十条规定,在如下情况下,要约失效。

(一)拒绝要约的通知到达要约人。要约的拒绝是指受要约人向要约人明确表明不接受要约。在拒绝要约的通知到达要约人时,要约失效。需要特别说明的是,要约因拒绝而消灭,一般发生在要约向特定人发出的情形;对不特定人发出要约,如标价商品的陈列,不会因为某个特定人的拒绝表示而失效。

(二)要约人依法撤销要约。依法撤销要约包括两个方面的要求:一是指符合《合同法》第十八条规定的要件,即撤销要约的通知应当在受要约人发出承诺通知之前到达要约人;二是指被撤销的要约不属于《合同法》第十九条[1]规定的情形。

(三)承诺期间届满,受要约人未作出承诺。如果要约确定了承诺期间,而受要约人未在此期间内作出承诺,则要约失效。如果要约没有确定承诺期间,则分为两种情形处理:当要

---

[1]《合同法》第十九条规定:"有下列情形之一的,要约不得撤销:
(一)要约人确定了承诺期限或者以其他形式明示要约不可撤销;
(二)受要约人有理由认为要约是不可撤销的,并已经为履行合同作了准备工作。"

约以对话方式作出时，除另有约定外，受要约人没有即时作出承诺的，要约失效；当要约以非对话方式作出时，受要约人没有在合理的期间内作出承诺的，要约失效。

（四）受要约人对要约的内容作出实质性变更。《合同法》第三十条规定：如果受要约人对要约的内容作出实质性变更，则视为受要约人向要约人发出了新的要约，原要约失效。

什么是要约的撤回和撤销？

答 要约撤回是指要约人阻止要约生效的意思表示。要约人在发出要约后，可能会因另有考虑而不愿让要约发生法律效力。法律为了兼顾要约人和受要约人的利益，在允许要约人撤回要约的同时，为撤回要约设定了时间限制。《合同法》第十七条规定："要约可以撤回。撤回要约的通知应当在要约到达受要约人之前或者与要约同时到达受要约人。"因此，要约可通过两种方式被撤回：第一，撤回要约的通知先于要约通知到达受要约人；第二，撤回要约的通知与要约通知同时到达受要约人。只要撤回的通知符合上述两种情形，即可产生撤回要约的效力。被撤回的要约无论对要约人，还是对受要约人都不产生效力。另外，要约撤回本身不得作为撤回的对象。

要约的撤销是指要约人使要约丧失法律效力的意思表示。《合同法》第十八条规定："要约。可以撤销。撤销要约的通知应当在受要约人发出承诺通知之前到达受要约人。"要约一经撤销，即丧失法律效力。

需要指出的是，并非所有要约都可被撤销，《合同法》第十九条规定："有下列情形之一的，要约不得撤销：（一）要约人确定了承诺期限或者以其他形式明示要约不可撤销；（二）受要约人有理由认为要约是不可撤销的，并已经为履行合同作了准备工作"。下面对此逐一进行分析。

（一）要约人在要约中确定了承诺期间。要约人确定承诺期间表明要约人愿意在此期间内维持要约的效力，等待受要约人进行承诺，受要约人亦会因此产生对这一期间的合理信赖，因此法律要求要约人在承诺期间内不得行使撤销权。

（二）要约人明示要约是不可撤销的。此种情形是指要约人虽然没有确定承诺期间，但以口头或书面形式表明要约是不可撤销的，这主要包括两种情形：一是要约含有不可撤销的表述，如"本要约为不可撤销要约"；二是要约人坚持要求受要约人答复，如"务必回复贵公司的意见"。但是，要约人明示要约不可撤销，并不等于要约永远有效。在要约没有确定承诺期间时，如要约以对话方式作出，则受要约人应当即时承诺，但当事人另有约定的除外；如要约以非对话方式作出，则承诺应当在合理期间内到达，如果承诺未在上述期间内到达，则要约自动失效。

（三）受要约人有理由认为要约是不可撤销的，并已经为履行合同做了准备工作。首先，在理解"受要约人有理由认为要约是不可撤销"的情形时，不应以受要约人自己的表述、受要约人的实际认识能力为判断标准，而应当以一个理性人的能力作为判断标准。其次，受要约人为履行合同做了准备工作，表明受要约人对要约产生了信赖，并以此为基础，为将来要达成的合同做了准备。这种信赖和信赖支配下的行为应当受到保护。要约不得撤销并不等于要约人必须无条件地按照要约的内容履行，而是指要约人在上述情况下撤销要约违反了《合同法》的规定。由于此时合同还未成立，尚处于缔约阶段，如要约人因撤销要约而导致受要约人的信赖利益损失，要约人应承担缔约过失责任。

要约的撤回与要约的撤销的相同点在于：都是为了取消原来的要约，都属于要约阶段的意思表示，且必须在受要约人作出承诺之前实施。二者的区别在于：（1）在结果上，要约的撤销是使要约的效力消灭，要约的撤回是使要约不产生效力；（2）在时间上，要约的撤销须在要约生效之后实施，要约的撤回则须在要约生效之前实施。

什么是《合同法》意义上的"承诺"？

答 承诺是指受要约人同意要约，决定与要约人订立合同的意思表示。从合同成立的角度看，承诺是合同成立的关键阶段，有效的承诺一经到达要约人，合同即告成立。

根据合同法理论及《合同法》的相关规定，承诺只有在符合以下构成要件时，才能构成合同法意义上的"承诺"。

（一）必须由受要约人向要约人作出。首先，承诺须由受要约人作出。要约的一项重要效力是使受要约人享有承诺权利，这一权利不具有转让性，受要约人不得将其转让给他人。因此，只有受要约人才可以向要约人作出承诺。当然，受要约人可通过其代理人作出承诺。当受要约人为特定人时，承诺就由该特定人作出；而当受要约人为不特定人时，任何一个不特定人均可作出承诺。其次，承诺须向要约人作出。承诺是对要约的回应，且承诺一经生效，合同便成立。如果受要约人不是向要约人作出承诺，则要约人并没有收到受要约人同意订立合同的意思表示，要约和承诺未能结合，要约人与受要约人未达成合意，合同无法成立。因此，承诺只有向要约人作出才有意义，才可以发生承诺应有的法律效力。

（二）必须表明受要约人决定与要约人订立合同的意思。要约必须具有缔结合同的目的，承诺同样也要明确表明这一意思。我们认为，可依据如下因素认定承诺是否具有订立合同的意思：（1）承诺通知所用语言文字的确定性；（2）如承诺通知存在不确定之处，则可利用交易习惯公平和诚实信用原则认定受要约人是否具有订立合同的意思。

（三）未对要约作出实质性变更。《合同法》要求承诺的内容应当与要约的内容一致。但是，承诺对要约的内容作出非实质性变更的，除要约人表示反对或者要约表明承诺不得对要约的内容作出任何变更的以外，该承诺有效，合同的内容以承诺的内容为准。虽然在此情形中，承诺与要约并不完全一致，但由于承诺对要约作出的是非实质性变更，基于提高交易效率的考量，承诺仍然有效，合同成立，且合同内容以承诺的内容为准。

承诺的方式有哪些?

答 承诺的方式是指受要约人作出承诺所采用的形式。一般而言,承诺应以明示(如口头、书面)形式作出,如对甲的要约,乙以口头或书面形式表示"完全同意贵公司提出的合同的条件"。以默示(特定行为)形式作出承诺的情形较为少见,一般只有在根据交易习惯或者要约表明可以此形式作出承诺时存在,如搭乘公共汽车。单纯的沉默不能表示任何意思,因此一般不构成有效的承诺。但是,在特定的情况下,根据当事人的约定或交易习惯,沉默也可以构成承诺。一般来说,如果要约未指定承诺的形式,承诺应当以不要式为原则。受要约人可依缔约具体情形及交易习惯等因素,采用适当的方式作出承诺。至于承诺是否必须采取与要约相同的形式,除非要约人另有要求,否则承诺不必以同一方式作出。例如,对书面要约,受要约人可以口头承诺。有人认为,在要约人指定了承诺形式时,不一定要求受要约人采用指定的形式进行承诺,只要其采用的承诺方式比要约中指定的承诺方式更为方便、快捷到达要约人处即可。这种观点有失妥当,因为方便、快捷并非要约指定承诺方式的唯一原因,既然要约指定了承诺方,法律就应当尊重当事人的意思自治。承诺作为受要约人同意要约的意思表示,亦应包括同意要约指定的承诺形式。因此,未按要约指定的形式作出的承诺,不能发生承诺的法律效力。当然如果要约人接受了未按指定形式作出的承诺,法律亦应尊重当事人的意思自治,认可承诺的效力。

什么是承诺的期限?

答 承诺的期限也即承诺的期间,是指受要约人所作承诺到达要约人的期间。

如果要约人确定了承诺期间,则法律尊重其意思受要约人应当在此期内作出承诺,否则要约失效。要约人可以延长承诺期间,但不得缩短,以保护受要约人的利益。要约人主要以下列两种方式确定承诺期间。

(一)确定截止时间,如"务必于2011年4月30日之前承诺",至于该日期是承诺发出的最后日期,还是承诺到达的最后日期,一般认为应探求要约人的意思加以认定。如有疑义,应理解为后者,较为符合要约人的利益。

（二）确定某一存续时间，如"务必于 10 天内承诺"。至于该"10 天"时间是从要约发出之时起算，还是从要约到达之时起算，《合同法》第二十四条作出了如下规定："要约以信件或者电报作出的，承诺期限自信件载明的日期或者电报交发之日开始计算。信件未载明日期的，自投寄该信件的邮戳日期开始计算。要约以电话、传真等快速通讯方式作出的，承诺期限自要约到达受要约人时开始计算"。

如果要约没有确定承诺期间，则应依要约形式确定。

（一）如果要约是以对话方式作出的，则受要约人应当即时作出承诺，所谓"即时作出承诺"，是指依据一般交易观念及当时具体情形，受要约人尽可能迅速地作出承诺。例如，当甲以电话向乙作出要约时，乙应在通话中作出承诺，但如电话中断，乙在电话再次接通后作出承诺，亦属于"即时作出承诺"，但若当事人另有约定，则不受上述法律规则的限制，例如，甲以电话向乙作出要约，并称乙不必急于答复或乙向甲表示先考虑一下再作答复，且得到对方同意，则乙无须即时作出承诺。

（二）如果要约是以非对话方式作出的，承诺应当在合理期间内到达。这一合理期间包括三个部分：要约到达受要约人的时间、受要约人考虑承诺的必要时间、承诺通知到达要约人所需时间。前后两个阶段均易确定，中间阶段则应依当事人间交易习惯、合同类型、受要约人的性质等因素，依通常情形加以认定。受要约人的特殊情形，如周末度假、生病、出差等，如为要约人所知时，亦应在考虑范围之内。

如何判断承诺生效与否？

答 承诺的生效是指承诺对要约人和受要约人产生法律约束力，合同因此而成立。可见，承诺的生效在合同成立中具有决定性的意义。《合同法》第二十六条规定："承诺通知到达要约人时生效。承诺不需要通知的，根据交易习惯或者要约的要求作出承诺的行为时生效。采用数据电文形式订立合同的，承诺到达的时间适用本法第十六条第二款的规定。"承诺的生效时间依承诺的形式而有所不同。

（一）如果以对话的明示方式作出承诺，则承诺自要约人了解时生效，此即了解主义原则。

（二）如果以非对话的明示方式作出承诺，则承诺自到达要约人时生效，此即到达主义原则。

（三）如果以行为作出承诺，则承诺亦应自到达要约人时生效。如顾客在超市购物，只有在顾客将所购商品携至收款台结账时，顾客的承诺才生效。但是，如果根据交易习惯或者要约的要求，承诺不需要通知的，则自受要约人作出可认定为承诺的特定行为时，承诺生效。例如，订立宾馆，前台为此预留房间。

（四）如果以单纯的沉默作出承诺，则承诺在当事人约定的期间或合理期间经过后生效。

何为承诺迟到？

答 承诺迟到是指承诺未于承诺期间内到达要约人。它包括两种情形：一是因受要约人的迟延而导致承诺迟到，又称通常的承诺迟到，通常的承诺迟到是指受要约人未及时作出承诺，导致承诺在承诺期间届满后才到达要约人；二是因客观原因而导致承诺迟到，又称特殊的承诺迟到。

（一）通常的承诺迟到。根据《合同法》第二十八条规定，对于通常的承诺迟到，除要约人及时通知受要约人该承诺有效以外，受要约人所作意思都表示为新要约，不构成有效的承诺。可见，法律赋予要约人是否承认迟到承诺的权利。如果要约人愿意认可迟到的承诺仍具有有效承诺的效力，则可以发出承认通知。否则，要约人保持沉默即可，无需发出拒绝通知或作出其他意思表示。当然，《合同法》将迟到的承诺规定为新要约，如要约人仍有缔约意愿，仍可对其承诺。需要说明的是，不是所有的迟到承诺都是新要约，只有在符合要约的构成要件时，才可认定为新要约。

（二）特殊的承诺迟到。特殊的承诺迟到是指按照通常情形，承诺应当在承诺期间内到达要约人，但因在传递过程中出现了传达故障（如信件误投），使得承诺在承诺期间届满后才到达要约人。此时，受要约人有理由信赖他所作出的承诺因适时到达要约人而生效，合同成立。因此，对于特殊的承诺迟到，依诚信原则，要约人应有通知义务。

《合同法》第二十九条规定："受要约人在承诺期限内发出承诺，按照通常情形能够及时到达要约人，但因其他原因承诺到达要约人时超过承诺期限的，除要约人及时通知受要约人因承诺超过期限不接受该承诺的以外，该承诺有效。"可见，法律对要约人施加了通知义务，如要约人因承诺迟到拒绝接受承诺，则应将此意思及时通知受要约人。如要约人未作此通知，则视为承诺未迟到,产生有效承诺的效力,合同成立。该承诺迟到的通知,属于一种事实通知,以要约人将承诺迟到的事实通知受要约人为已足,不必告知法律后果。

承诺可以撤回吗?

答 承诺的撤回是指受要约人阻止承诺生效的意思表示。受要约人在作出承诺后,可能会因某种原因而希望取消承诺,法律应当允许受要约人采取这一行动。不过,一旦承诺生效,合同即告成立,受要约人无权再取消承诺,否则需承担缔约过失责任(合同未生效时)或违约责任(合同生效后)。因此,只有在承诺生效之前,受要约人才可以取消承诺,此即承诺的撤回。因此,承诺只可以被撤回,不可以被撤销。

《合同法》第二十七条规定:"承诺可以撤回。撤回承诺的通知应当在承诺通知到达要约人之前或者与承诺通知同时到达要约人。"可见,承诺的撤回类似于要约的撤回,撤回承诺的通知只有先于承诺通知到达,或者与承诺通知同时到达要约人,才能产生撤回承诺的法律后果。

承诺的变更指的是什么?

答 《合同法》第三十条规定:"承诺的内容应当与要约的内容一致。受要约人对要约的内容作出实质性变更的,为新要约。有关合同标的、数量、质量、价款或者报酬、履行期限、履行地点和方式、违约责任和解决争议方法等的变更,是对要约内容的实质性变更。"这里规定了确认承诺内容有效的基本规则,同时,也对承诺的实质性变更的效力作了具体的规定。如果受要约人对要约的内容作出实质性变更的,则视为新要约,缔约程序并未完成,当事人之间尚未成立合同。

怎样确定合同成立的时间、地点?

答 合同成立的时间是指合同对当事人产生法律约束力的时间。对绝大多数合同而言,合同成立即可生效,因此,确定合同成立的时间具有重大意义,它往往是区分当事人承担的责任是违约责任还是缔约过失责任的分界点。

关于合同成立的时间,《合同法》确立了如下规则。

(一)合同自承诺生效时成立。《合同法》第二十五条规定:"承诺生效时合同成立。"这是我国法律确定合同成立时间的基本规则。一般而言,在承诺到达要约人时,合同成立。

(二)合同自当事人在合同书上签字或者盖章时成立。《合同法》第三十二条规定,合同自双方当事人签字或者盖章时成立。这是"合同自承诺生效时成立"的例外情形。合同书特指全面记载合同条款的文件,一般以纸质为载体。当事人往往会在合同书的最后一页留有签字或者盖章的地方,有的合同书则在每一页均为当事人留有签字或者盖章的地方。为了避免日后出现纠纷,当事人最好在合同书的每一页均签字或者盖章。如当事人为自然人,则应在合同书上签署自己的姓名,但在双方当事人认可的情况下,亦可使用其他符号替代姓名。如当事人为法人或非法人组织,则既可以由其法定代表人或负责人代表其签字,亦可仅加盖法人或非法人组织的印章,或者同时使用签字和盖章。合同亦可依双方当事人之代理人的签字而成立,但应在合同书后加附代理证书。如果当事人双方签字或者盖章的时间不一致,则合同在最后完成签字或者盖章时成立。《最高人民法院关于适用〈中华人民共和国合同法〉若干问题的解释(二)》第五条规定,当事人在合同书上摁手印的,具有与签字或者盖章同等的法律效力。

（三）合同自当事人签订确认书时成立。《合同法》第三十三条规定："当事人采用信件、数据电文等形式订立合同的，可以在合同成立之前要求签订确认书。签订确认书时合同成立。"这也是对"合同自承诺生效时成立"原则的例外规定。所谓确认书，是指当事人为了确定合同订立过程中的哪些文件构成合同内容而签署的书面文件。在采用信件、数据电文等形式订立合同时，当事人之间往往会进行多次文件传递，当事人就合同达成的合意散见于这些文件之中，因此当事人有必要对这些文件加以清理，通过签订确认书的方式，确定哪些文件可认定为合同内容，哪些文件应当排除在合同之外。

（四）合同自一方接受对方履行时成立。《合同法》第三十六条规定："法律、行政法规规定或者当事人约定采用书面形式订立合同，当事人未采用书面形式但一方已经履行主要义务，对方接受的，该合同成立。"《合同法》第三十七条规定："采用合同书形式订立合同，在签字或者盖章之前，当事人一方已经履行主要义务，对方接受的，该合同成立。"这两条允许当事人以履行和受领弥补合同形式上的缺陷，从而成立合同，同样是对"合同自承诺生效时成立"原则的例外规定。

（五）其他情形下的合同成立时间。《招标投标法》第四十六条规定:"招标人和中标人应当自中标通知书发出之日起三十日内,按照招标文件和中标人的投标文件订立书面合同。"因此,利用招标投标程序订立的合同,在当事人采用书面方式时成立。

对于实践合同而言,还须以当事人交付标的物或完成其他给付作为成立要件,此类合同在当事人完成全部成立要件时成立。

【案例】 未盖章的合同是否成立?

案例简介:某年8月,某公司与某厂签订书面合同,约定由某公司购买某厂10个规格的产品,产品质量依样品规格,并约定了货款数额及支付方式:某公司于9月底付清货款,款到后,某厂发货。双方还约定,某厂应先寄送样品经某公司认可后,某公司再在合同上盖章。但某厂未寄送样品,却于同年10月向某公司发出了合同约定的全部货物,某公司没有明确表示拒收,而是在不久之后,拆包销售了部分货物。同年11月之后,某厂连催货款,某公司要求退货。双方协商不成,某厂诉至法院,以某公司违约为由,要求其承担付款的法律责任。某公司辩称合同书未加盖公章,合同并未成立,当事人之间不存在合同法律关系,故不可能存在违约行为,更不应承担违约责任。[1]

知识点:《合同法》第三十七条规定:"采用合同书形式订立合同,在签字或者盖章之前,当事人一方已经履行主要义务,对方接受的,该合同成立。"在本案中,某公司和某厂在书面文件中全面约定了相互间的权利义务关系,这一书面文件应属合同书。某公司虽然未在合同上盖章,但却接受了某厂对其主要义务的履行,因此合同成立并生效。当事人双方应受合同的约束,履行各自的义务,否则应承担违约责任。某公司在接受某厂货物后未按约定付款,应当向某厂承担违约责任。

怎样确定合同成立的地点?

合同成立的地点即当事人达成合意的地点。确定合同的

---

[1] 案例改编自苏号朋:《合同法教程》,中国人民大学出版社2011年版,第89页。

成立地点具有重要的法律意义，它直接决定了合同纠纷的诉讼管辖、交易习惯的适用、有关费用的承担及涉外合同的法律适用等。根据《合同法》的有关规定，应适用如下规则确定合同的成立地点。

（一）承诺生效地。《合同法》第三十四条规定："承诺生效的地点为合同成立的地点。"如果承诺以通知方式作出，则承诺到达地为合同成立地点。如果承诺是以行为作出的，则作出行为之地为合同成立地点。

（二）合同书、确认书的签字或者盖章地。依《合同法》第三十五条及《最高人民法院关于适用〈中华人民共和国合同法〉若干问题的解释（二）》第四条的规定，如当事人采用合同书或确认书等书面形式订立合同的，则双方当事人在合同书或确认书上签字或者盖章的地点为合同成立的地点。如果双方当事人签字或者盖章不在同一地点的，以最后签字或者盖章的地点为合同成立的地点。如果合同约定了签订地，即使实际签字或者盖章地点与合同约定不同，亦以签订地为合同成立的地点。

（三）接受履行地。《合同法》第三十六、三十七条规定，当事人应当采用书面形式而未采用或者已采用书面形式但尚未签字或盖章时,合同一方履行了主要义务且对方接受的,合同成立。如此,该合同成立的地点为一方当事人接受对方履行的地点。

什么是格式条款?《合同法》对格式条款有何限制性规定?

❷ 格式条款是指当事人为了重复使用而预先拟定,并在订立合同时未与对方协商的条款。典型的格式合同是全部由格式条款组成的合同,非典型的格式合同是由部分格式条款和部分非格式条款组成的合同。采用格式条款缔约萌芽于19世纪初西欧的工厂与商人之间以约定俗成的条件订立合同的习惯,并在19世纪的保险业与交通运输业中最早普及。到了20世纪20年代以后,这一缔约方式在公用事业领域得到了广泛应用。20世纪40年代以后,几乎所有的商业领域都已采用这一缔约方式。

采用格式条款缔约大大提高了交易效率,降低了企业的经营成本,具有经济上的必然性。但是,格式条款通常是由缔约中处于优势的一方提供的,该方可能会利用其优越地位,在格式条款中加入不公平的内容，弱势一方为了获得商品或者服务，不得不接受这些不公平的格式条款。因此，如何对格式条款的内容进行规制，就成为现代合同法的重要使命。

《合同法》第三十九条明文规定："采用格式条款订立合同的，提供格式条款的一方应当遵循公平原则确定当事人之间的权利和义务，并采取合理的方式提请对方注意免除或者限制其责任的条款，按照对方的要求，对该条款予以说明。"本条从三个方面对提供格式条款的当事人确定了义务，对格式合同予以限制。

（一）遵循公平原则确定当事人之间权利义务的义务。采用格式条款订立合同的，提供格式条款的一方应当遵循公平的原则确定当事人之间的权利义务，这是该方当事人的基本义务。公平原则是确定格式条款的基本原则，也是整个民法的基本原则。公平原则是社会道德观念的法律化，在确定格式条款的场合表现为格式条款应当符合社会的公平观念，合同的任何一方，依据该格式合同取得的权利和负担的义务应当相当，该格式合同的风险应由双方当事人合理分担。

（二）提请对方注意的义务。提供格式条款的一方当事人，对合同中设定免除或者限制自己责任的条款，应当采取合理的方式提请对方注意。免除或者限制格式条款提供方责任的条款，对对方当事人的利益有重大影响。为避免对方当事人忽视该条款的存在和该条款的重要性，该项义务要求格式条款的受益者即提供格式条款的一方当事人，负有提请对方注意的义务，从而使对方有合理的机会了解该条款。合理的方式就是以含义明确、表达清晰、文字醒目的合同文字，个别地展示该条款于对方当事人，或以直接语言对话的形式提请对方当事人注意阅读该条款，或于合同订立之前提请注意，进行提示。

（三）给予说明的义务。给予说明，是指接受格式合同的一方当事人，对格式合同中设定的免除或者限制对方责任的条款，提出说明要求时，提供标准合同的一方当事人，应当按照对方的要求，对该条款予以说明。其内容应当包括：该条款的基本含义、该条款的存在给对方带来风险负担的可能性及其大小。

应当说明的是，上述义务因没有履行而发生争议的，人民法院或者仲裁机构可依法确认该格式条款违反法律而裁决其无效。

（四）免责条款无效。按照《合同法》第四十条关于"格式条款具有本法第五十二条和第五十三条规定情形的，或者提供格式条款一方免除其责任、加重对方责任、排除对方主要权利的,该条款无效"的规定,格式条款在下列情况下无效。

第一,格式条款符合《合同法》第五十二条规定的情形,即一方以欺诈、胁迫的手段订立合同,损害国家利益,或恶意串通,损害国家、集体或者第三人利益,或以合法形式掩盖非法目的,或损害社会公共利益,或违反法律、行政法规的强制性规定的,一律无效。

第二,格式条款符合《合同法》第五十三条规定的情形,即格式合同规定了造成对方人身伤害而予以免责的条款,规定了因故意或者重大过失给对方造成财产损失而予以免责的条款的,一律无效。

第三,免除提供格式条款一方当事人责任、排除对方当事人主要权利的。免除提供格式条款一方当事人主要义务和排除对方当事人主要权利在事实上无异。其结果是使提供格式条款一方当事人享有主要权利,却负担少量义务;而对方当事人负担主要义务,仅享有少量权利。这种结果与当事人订立合同的本来目的相悖,严重地损害了对方当事人的合法权益,明显违背了公平原则、等价有偿原则等民法的基本原则。对该条款应当宣布无效。由于该条款宣布无效,提供格式条款的一方当事人应当向对方当事人负有缔约过失责任。

如何进行格式条款的解释?

❷ 格式条款的解释,是指当当事人对格式条款的含义存在不同理解时,应当依据何种事实、原则对该条款作出合理的说明。《合同法》第四十一条规定:"对格式条款的理解发生争议的,应当按照通常理解予以解释。对格式条款有两种以上解释的,应当作出不利于提供格式条款一方的解释。格式条款和非格式条款不一致的,应当采用非格式条款。"此即格式条款解释的基本原则。

实践中,格式条款通常是由富有经验的专业人员经过多方面考察斟酌制定的。所以,在正常情况下,格式条款的含义是明确、具体、清楚的,一般不会产生异议。但也不能完全排除某些格式条款存在用语不明确、不准确,从而导致合同双方对合同条款理解不一,进而发生纠纷的情形。这时,对格式条款进行解释就尤为必要了。

首先,格式条款解释的一般原则是通常解释原则,即对有争议的格式条款,按照通常的理解予以解释。

其次,当格式条款存在两种以上解释时,应当作出不利于格式条款提供方的解释。这是格式条款解释的基本原则。这是因为,由于格式条款是由特定的一方当事人提供的,具有服从性和不可协商性,有可能使对方当事人的意思表示不真实,因而使其利益受到损害。制定格式条款,在整体上往往会有利于条款的提供者,而不利于相对方。个别格式条款提供者甚至会故意对某些事项作出语义含混、理解矛盾的规定,并凭借其垄断的经济地位,强迫或者欺骗对方接受不合理的条款解释。为了平衡这种不公正现象,保护相对方利益,法院会对格式条款作出不利于格式条款提供者的解释。

什么是缔约过失?造成缔约过失要承担什么法律责任?

答 所谓缔约过失,是指在合同订立过程中,一方当事人因违背其依据诚实信用原则所应负之义务,而使另一方当事人信赖利益遭受损失,故应当承担民事责任的情况。由于缔约过失责任采取的是过错责任原则,所以其构成要件应当包括客观要件和主观要件这两个方面。具体来说,缔约过失责任的构成要件有以下四个。

（一）一方当事人有违反法定附随义务或先合同义务的行为。在缔约阶段，当事人为缔结契约而接触协商之际，已由原来的普通关系进入到一种特殊的关系，即信赖关系，双方均应依诚实信用原则互负一定义务，一般称之为附随义务，即互相协助、互相照顾、互相告知、互相诚实等义务。若当事人违背了其所负有的附随义务，并破坏了缔约关系，就构成了缔约过失。

（二）该违反法定附随义务或先合同义务的行为给对方造成了信赖利益的损失。如果没有损失，就不会存在赔偿问题，而所谓信赖利益损失，指相对人因信赖合同会有效成立却由于合同最终不成立或无效而受到的利益损失，这种信赖利益必须是基于合理的信赖而产生的利益，即在缔约阶段因为一方的行为已使另一方足以相信合同能成立或生效。

（三）违反法定附随义务或先合同义务的一方缔约人在主观上必须存在过错。这里的过错既包括故意也包括过失。无论是故意还是过失，只要在缔约阶段违反了附随义务，并对合同最终不能成立或被确认无效或被撤销负有过错，就应当承担缔约过失责任。并且，责任的大小与过错的形式没有任何关系，这是因为缔约过失责任以造成他人信赖利益损失为承担责任的条件，其落脚点在于行为的最终结果，而非行为的本身。

（四）一方当事人违反法定附随义务或先合同义务的行为与对方所受到的损失之间必须存在因果关系。即相对方的信赖利益损失是由行为人的缔约过失行为造成的，而不是其他行为造成的。如果这二者之间不存在因果关系，则不能让其承担缔约过失责任，这是该责任制度的内在要求。

以上四个要件缺一不可，否则就不能产生缔约过失责任。同时四个要件间又是彼此联系的有机整体，缔约过失责任的认定必须严格按照这四个构成要件来进行。

缔约过失责任，又称先契约责任。《民法总则》和《合同法》均未规定缔约过失责任的具体概念，但国内民法学界通说认为，《民法总则》第一百五十七条就是关于缔约过失责任的规定，即"民事法律行为无效、被撤销或者确定不发生效力后，行为人因该行为取得的财产，应当予以返还；不能返还或者没有必要返还的，应当折价补偿。有过错的一方应当赔偿对方由此所受到的损失；各方都有过错的，应当各自承担相应的责任。法律另有规定的，依照其规定。"《合同法》第四十二条也规定，当事人在订立合同过程中有下列情形之一，给对方造成损失的，应当承担损害赔偿责任：

（1）假借订立合同，恶意进行磋商；（2）故意隐瞒与订立合同有关的重要事实或者提供虚假情况；（3）有其他违背诚实信用原则的行为。

什么是合同的保密义务？违背保密义务要承担什么法律责任？

答 合同的保密义务，是指当事人一方对于知晓的对方的商业秘密或要求保密的信息、事项不得对第三人泄露，是合同附随义务的一种。作为合同关系相对人正当获取的商业秘密亦是为发展正常业务必须进行的，或者是因为信任关系才产生的。由于这些特殊的前提，相对人对商业秘密权利人就承担了明示或默示的保密义务。可见该保密义务是基于诚实信用原则而产生的附随义务。根据《合同法》的规定及附随义务之一般理论，合同法上的保密附随义务可分为以下三种。

（一）先合同保密义务。依据《合同法》第四十三条规定，当事人在订立合同过程中知悉的商业秘密，无论合同是否成立，都有不泄露或者正当使用的义务，若有违反，给对方造成损害的，应当承担损害赔偿责任。

（二）履约中的保密义务。依据《合同法》第六十条第二款规定，当事人一方在履行合同中知悉对方的商业秘密，负有保密的义务。

（三）后合同保密义务。依据《合同法》第九十二条规定，合同的权力义务终止后，当事人应当遵循诚实信用原则，根据交易习惯履行保密义务。

在缔约中泄露和不正当使用商业秘密无疑构成侵权，受害人可以提起侵权之诉。同时，从《合同法》第四十三条立法的本意来看，违反保密附随义务，亦应当承担损害赔偿责任，理由是：一方面，此种行为发生在缔约阶段；另一方面，此种行为违反了依据诚实信用原则所产生的义务。因此，受害人可以在侵权和损害赔偿责任之间进行选择。

第三章 合同的效力

合同的成立和合同的生效有何关系？

❷ 合同成立是指双方当事人意思表示达成了一致，合同生效是指合同成立后在法律上得到肯定性评价，产生了当

事人意定的法律效力。合同成立体现的是当事人的意志，即双方订立合同的意愿。关于合同的成立，《合同法》第二十五条规定，承诺生效时合同成立。第三十二条规定，合同自双方当事人签字或盖章时成立。特殊情况下，如双方另有要求签订合同确认书的，则在确认书签订时合同成立。因此，合同的成立，一般情况下是以双方当事人签字或盖章为成立要件。但是，成立的合同不一定是生效的合同。合同生效体现的是对合同当事人的约束，合同生效后，双方当事人都有依据合同履行的权利和义务。关于合同的生效，《合同法》第四十四条规定："依法成立的合同，自成立时生效。如法律规定应当办理批准、登记手续生效的，则在办理批准、登记手续后生效。"因此，一般情况下合同自双方当事人签字或盖章的同时就成立并生效了。

合同成立和合同生效的区别主要体现在以下几个方面。

（一）法律规则的判断标准不同。合同成立与否是事实问题，意义在于识别某一个合同是否已经存在、属于哪一类合同以及合同行为与事实行为、侵权行为之间的区别，因此依据合同成立的规则只能作出成立与不成立两种事实判断；而合同生效与否是法律价值判断问题，意义在于识别某一个合同是否符合法律的精神和规定,因而能否取得法律认可的效力,因此依据合同生效的规则所作出的判断是价值评价性判断,包括有效、无效、效力待定、可撤销等情形。

(二)构成要件不完全相同。合同成立的标志是双方当事人意思表示一致。合同生效分为三类。一是依法成立的合同,自成立时生效,即当事人意思表示一致,合同就成立,同时也生效。二是除具备双方当事人意思表示一致外,按法律、行政法规规定还应当办理批准、登记等手续生效的,履行法定手续时生效。三是合同虽然成立,但还必须具备双方当事人所约定的生效条件生效时或双方当事人所约定的生效期限届满时才能生效。

(三)发生时间不完全相同。合同成立的时间以当事人意思表示一致为标志,承诺生效时合同成立;而合同生效的时间在大多数情况下,合同成立时就可以生效,但法律、行政法规有特别规定或合同当事人另有约定的,依法律、行政法规的规定或当事人的约定,如法律、行政法规规定应当办理批准、登记手续的合同。

(四)法律效力不同。合同成立的法律效力是要约人不得撤回要约,承诺人不得撤回承诺,但要约人与承诺人的权利义务仍未得到法律认可,仍处于不确定的状态,如果成立的合同无效或被撤销,那么它设定的权利义务关系对双方当事人就没有法律约束力;而合同生效是法律对当事人意思表示的肯定评价,表明当事人的意思表示符合国家意志,当事人设定的权利义务得到国家强制力的保护。

(五)法律后果不同。合同成立主要涉及当事人意思表示的真实问题,而不涉及国家意志,因此如果合同不成立,产生的法律责任只涉及如缔约过失责任、返还财产等民事责任而不产生其他法律责任;而无效合同因为在性质上根本违反国家意志,因此不仅产生民事责任,而且还可能会引起行政责任或刑事责任。

(六)性质不同。合同成立的事实是当事人的意思表示一致,合同成立与否取决于当事人的意志,与国家意志无关;而合同生效的事实是由国家意志对当事人的意志作出肯定评价而产生的价值事实。因此,合同的成立与生效实质上是法律对当事人意思表示与国家意志关系的调整,即通过对合同效力的确认,将当事人的意思表示纳入国家意志认可的范围,使当事人之间、当事人与社会公共利益之间的利益得到平衡,从而促进社会经济的正常运行。

附条件、附期限的合同何时生效?

❓ 《合同法》第四十五条规定:"当事人对合同的效力可以约定附条件。附生效条件的合同,自条件成就时生效。附解除条件的合同,自条件成就时失效。当事人为自己的利益不正当地阻止条件成就的,视为条件已成就;不正当促成条件成就的,视为条件不成就。"《合同法》第四十六条规定:"当事人对合同的效力可以约定附期限,附生效期限的合同,自期限届至时生效。附终止期限的合同,自期限届满时失效。"

附条件法律行为不同于附条件买卖,即买卖标的物所有权转移附条件。条件,根据其决定法律行为为效力的发生或消灭的作用可分为停止条件和解除条件。以条件事实的发生或不发生为标准可分为积极条件和消极条件。条件的成就,是指作为条件内容的事实已经实现。条件的成就是决定法律行为是否生效或失效的问题,因此事关当事人的利益。条件成就的效力,在于决定法律行为效力的发生或消灭。

所谓期限,是指当事人以将来客观确定到来的事实,作为决定法律行为效力的附款,期限是以将来确定事实的到来为内容的附款。这里的期限与法律行为的履行期限是有区别的,履行期限是基于已生效法律行为所负义务的履行所加的时间限制。期限以其作用在决定效力的发生或消灭为标准,可分为始期和终期;以作为内容的事实发生之时是否确定为标准,可分为确定期限与不确定期限。期限的效力在期限到来时,法律行为的效力发生或消灭。期限到来的效力在于决定附期限法律行为效力的发生或消灭。

限制民事行为能力人订立的合同有效吗?

答 限制民事行为能力人订立的合同,经法定代理人追认后,该合同有效,但纯获利益的合同或者与其年龄、智力、精神健康状况相适应而订立的合同,不必经法定代理人追认。相对人可以催告法定代理人在一个月内予以追认。法定代理人未作表示的,视为拒绝追认。合同被追认之前,善意相对人有撤销的权利。撤销应当以通知的方式作出。行为人具有相应的民事行为能力是民事法律行为有效的必备要件之一。合同作为一种民事法律行为也必须要求合同当事人具有相应的民事行为能力。限制民事行为能力人所签订的合同从主体资格上讲是有瑕疵的,因为当事人缺乏完全的缔约能力、代签合同的资格和处分能力。将此类合同列入效力待定合同中,是基于以下几点考虑。

(一)此类合同与无效合同、可撤销合同不同,并非因为当事人故意违反法律的强制性规定及社会公共利益,也不是因为当事人意思表示不真实而导致合同可撤销,主要是因为当事人缺乏完全的缔约能力和处分能力而造成的。

(二)这类合同可经限制民事行为能力人的法定代理人的承认而生效,这种承认表明限制民事行为能力人所签的合同是符合权利人利益的。

(三)有利于促成更多交易,也有利于维护相对人的利益。因为相对人与限制民事行为能力人订的合同,总是希望合同有效,并且通过有效合同的履行使自己获得期待的利益。因此,通过法定代理人的追认使效力待定合同生效,而不是简单地宣告这种合同无效,是符合相对人利益的。

什么是无权代理?无权代理人签订的合同有效吗?

答 代理,是指通过他人独立实施法律行为,而使其法律效果由自己直接或间接承担的制度。代理是民法中重要的制度，在社会经济生活中扮演着不可替代的角色。无权代理行为是指行为人没有代理权、超越代理权范围或代理权终止以后实施的"代理行为"。无权代理的构成要件如下。

（一）行为人所实施的法律行为符合代理行为的表面特征，即代理人必须以被代理人的名义为意思表示。

（二）行为人不具有代理权，即属于自始无代理权、超越代理权或代理权已终止三种情况。

（三）行为人与第三人所为行为不是违法行为。

无权代理人所签合同的法律效果需分情况讨论。（1）无权代理发生法律效力的情形：没有代理权、超越代理权或者代理权终止后签订的合同，只有经过被代理人的追认，被代理人才承担相应的法律后果。本人知道他人以本人名义签订合同而不作否认表示的，视为同意。（2）无权代理不发生法律效力的情形：在不存在本人追认或不存在视为本人同意的情况下，无权代理为无效民事行为，应当按有关无效民事行为的规则来处理。

什么是表见代理？表见代理人签订的合同有效吗？

答 表见代理，是指虽然行为人事实上无代理权，但相对人有理由认为行为人有代理权而与其进行法律行为，其行为的法律后果由被代理人承担的代理。表见代理从广义上看也是无权代理，但是为了保护善意第三人的信赖利益与交易安全，法律强制被代理人承担其法律后果。《民法总则》第一百七十二条规定："行为人没有代理权、超越代理权或者代理权终止后，仍然实施代理行为，相对人有理由相信行为人有代理权的，代理行为有效。"根据上述表见代理的概念和立法规定，可知表见代理应具备以下条件。

（一）须行为人无代理权。成立表见代理的第一要件是行为人无代理权。所说无代理权是指实施代理行为时无代理权或者对于所实施的代理行为无代理权。如果代理人拥有代理权，则属于有代理权，不发生表见代理的问题。

（二）须有使相对人相信行为人具有代理权的事实或理由。这是成立表见代理的客观要件。这一要件是以行为人与被代理人之间存在某种事实上或者法律上的联系为基础的。

（三）相对人须为善意且无过失。这是表见代理成立的主观要件，即相对人不知行为人所为的行为系无权代理行为。如果相对人出于恶意，即明知他人为无权代理，仍与其实施民事行为，就失去了法律保护的必要，故表见代理不能成立。

综上可知，表见代理人签订的合同是有效的，被代理人应承担相应的法律后果。

法定代表人越权签订的合同有效吗？

答 《合同法》第五十条规定："法人或者其他组织的法定代表人、负责人超越权限订立的合同，除相对人知道或者应当知道其超越权限的以外，该代表行为有效。"可见，公司法定代表人越权签订的合同是否具有法律效力，主要视相对人的主观状态而定。

（一）相对人为善意的情形。相对人为善意即合同相对人主观上不知道该公司法定代表人的签订合同行为超越了权限，该合同有效。基于维护市场秩序的稳定，须保护善意第三人的利益。若因此给公司带来损失的，应根据《公司法》第一百四十九条的规定处理，即："董事、监事、高级管理人员执行公司职务时违反法律、行政法规或者公司章程的规定，给公司造成损失的，应当承担赔偿责任。"由法定代表人向公司承担责任。

（二）相对人为恶意的情形。若合同相对人的主观为恶意，即相对人知道或者应当知道法定代表人超越权限签订合同的情况，该合同为效力待定合同。若公司对签订的合同进行追认，则该合同有效；若公司为在合理时间内对该合同拒绝追认或者明确不承认该合同的效力，则该合同无效。

无权处分人订立的合同有效吗？

❣ 所谓无权处分人订立的合同，是指无处分权人处分他人财产而订立的合同。《合同法》第五十一条规定："无处分权的人处分他人财产，经权利人追认或者无处分权的人订立合同后取得处分权的，该合同有效。"可见，无处分权人处分他人财产而订立的合同需要权利人的追认，属于效力待定合同。

此种合同必须经过对无权处分的物享有处分权的人追认。所谓追认，是指权利人同意该行为的意思表示。这种意思表示可以直接向买受人作出，也可以向处分人作出。如果权利人事后向处分人作出书面授权，允许其处分权利人的财产，在权利人与处分人之间已形成一种委托代理关系，处分人实际上是代替权利人处分财产,由此产生的法律后果均由权利人承担。在此情况下,合同主体实际上已发生了变化。因此,权利人作出允许处分的授权以后,若处分人不履行义务,则买受人可直接请求权利人履行义务,因为权利人已成为真正的出卖人。

追认是一种单方意思表示,目的在于使无权处分的行为发生法律效力。在权利人追认之前,因无权处分而订立的合同属于效力未定的合同,买受人可以终止履行义务。在追认后,此种效力待定的合同将得到补正,因此合同将溯及既往地产生效力,任何一方当然有权请求另一方履行债务。因权利人拒绝承认而使无权处分合同被宣告无效,不应影响善意买受人根据善意取得制度所取得的权利。如果无权处分人事后取得权利,也可导致无权处分行为有效。从法律上看,无权处分行为的本质特征在于,处分人在无权处分的情况下处分他人财产,从而侵害了权利人的财产权利。一旦处分人事后取得了财产权利,便可以消除无权处分的状态和导致合同无效的原因。如果因权利人拒绝追认而使无权处分行为无效,权利人可基于物上请求权对无权处分人提出返还原物、赔偿损失等请求。

合同无效的情形有哪些？

答 《合同法》第五十二条规定，合同无效的情形主要包括以下五种。

（一）一方以欺诈、胁迫的手段订立合同，损害国家利益。所谓"欺诈"，是指一方当事人故意告知对方虚假情况，或者故意隐瞒真实情况，诱使对方当事人作出错误的意思表示。因欺诈而订立的合同，是在受欺诈人因欺诈行为发生错误认识而作意思表示的基础上产生的。所谓胁迫，是以给公民及其亲友的生命健康、荣誉、名誉、财产等造成损害或者以给法人的荣誉、名誉、财产等造成损害为要挟，迫使相对方作出违背真实意思表示的行为。

（二）恶意串通，损害国家、集体或者第三人利益。所谓恶意串通，是指当事人为实现某种目的，串通一气，共同实施订立合同的民事行为，造成国家、集体或者第三人的利益损害的违法行为。

（三）以合法形式掩盖非法目的。以合法形式掩盖非法目的，也称为隐匿行为，是指当事人通过实施合法的行为来掩盖其真实的非法目的，或者实施的行为在形式上是合法的，但是在内容上是非法的行为。

（四）损害社会公共利益。在法律、行政法规无明确规定，但合同又明显地损害了社会公共利益时，可以适用"损害社会公共利益"条款确认合同无效。

（五）违反法律、行政法规的强制性规定。违反法律、行政法规的强制性规定的合同，是指当事人在订约目的、订约内容都违反法律和行政法规强制性规定的合同。《最高人民法院关于适用〈中华人民共和国合同法〉若干问题的解释》第四条明确规定："合同法实施以后，人民法院确认合同无效，应当以全国人大及其常委会制定的法律和国务院制定的行政法规为依据，不得以地方性法规、行政规章为依据。"

什么是可撤销合同？行使撤销权有何限制？

答 可撤销合同是指合同因欠缺一定的生效要件，其有效与否，取决于有撤销权的一方当事人是否行使撤销权的合同。可撤销合同是一种相对有效的合同，在有撤销权的一方行使撤销权之前，合同对双方当事人都是有效的。它是一种相对无效的合同，但又不同于绝对无效的无效合同。可撤销合同的范围应限定为意思表示不真实的合同。《合同法》第五十四条规定，可撤销合同主要有以下三种。

（一）因重大误解订立的合同。重大误解是指行为人因对行为的性质、对方当事人、标的物的品种、质量、规格和数量等发生错误认识，使行为的后果与自己的意思相悖，并造成较大损失的行为。

（二）显失公平的合同。显失公平是指一方当事人利用优势或者利用对方没有经验，致使双方的权利与义务明显违反公平、等价有偿原则的民事行为。

（三）以欺诈、胁迫的手段或者乘人之危而订立的合同。在受欺诈、受胁迫的情况下所订立的合同，明显违背《民法通则》的自愿原则；一方当事人称对方处于危难之机，为谋取不正当利益迫使对方作出不真实的意思表示而签订的合同，严重损害对方利益的，用于乘人之危而订立的合同。

《合同法》为平衡和保护合同双方当事人之利益，以及维护市场交易的安全与社会经济秩序的稳定，赋予当事人以撤销权，但撤销权之行使并非没有限制。依《合同法》第五十五条，有下列情形之一的，撤销权消灭：一是具有撤销权的当事人自知道或者应当知道撤销事由之日起一年内没有行使撤销权；二是具有撤销权的当事人知道撤销事由后明确表示或者以自己的行为放弃撤销权。

在可撤销合同中，具有撤销权的当事人自知道或应当知道撤销事由之日起一年内没有行使撤销权的，该撤销权消灭；在合同保全中，撤销权自债权人知道或应当知道撤销事由之日起一年内行使，但自债务人的行为发生之日起五年内没有行使撤销权的，该撤销权消灭。

第四章 合同的履行

合同约定不明时应当怎样补救和履行？

答 根据《合同法》第六十一、六十二条规定，约定不明的合同的补救和履行原则如下。

（一）当事人协议补充原则。所谓当事人协议补充原则，是指当事人对没有约定或者约定不明确的合同内容通过协商的办法订立补充协议，使合同具体化和明确化，并与原合同共同构成一份完整的合同，当事人协议补充原则源于《合同法》第六十一条所规定的"合同生效后，当事人就质量、价款或者报酬、履行地点等内容没有约定或者约定不明确的，可以协议补充"。

（二）按照合同有关条款或交易习惯确定原则。约定不明合同在履行中形成纷争时，首先，应当适用当事人协议补充原则。其次，当不能达成补充协议时，应按《合同法》第六十一条"按照合同有关条款或者交易习惯确定"的原则进行。按照合同有关条款确定原则，是指在合同当事人就没有约定或者约定不明确的合同内容不能达成补充协议时，结合合同的其他方面的内容加以确定，使合同具体化和明确化。因为合同是一个整体，当事人就某一具体条款明确规定，但在其他条款中涉及这一问题时，就可以按照该条款加以确定。

（三）法定补充原则。当事人就有关合同内容约定不明确，在适用当事人协商补充原则、按照合同有关条款确定原则、按照交易习惯确定原则仍不能确定时，就应当适用法定补充原则。所谓法定补充原则，又称合同的补缺规则，是指法律规定的，适用主要条款欠缺或合同条款约定不明确，但并不影响其效力的合同，以弥补当事人所欠缺或未明确表示的意思，使合同内容合理、确定，便于履行的法律条款。

什么是向第三人履行的合同？

答 向第三人履行的合同，又称利他合同，或者为第三人合同，指双方当事人约定，由债务人向第三人履行债务，第三人直接取得请求权的合同。合同的第三人亦称受益人。向第三人履行的合同在生活中较多见。例如投保人与保险人订立保险合同，可以约定保险人向作为第三人的被保险人、受益人履行，被保险人、受益人享有保险金请求权。

向第三人履行的合同，除应具备债权人与债务人合意等合同成立的一般要件外，还需具备两项特别要件。一是债务由债务人向第三人履行，而不是向债权人履行；二是不但债权人享有请求债务人向第三人履行的权利，第三人亦直接取得请求债务人履行的权利。第三人未取得请求权，则不是真正的向第三人履行的合同，多是合同履行地点为第三人处。向第三人履行的合同，其结构是基本合同加第三人约款。例如发货人用火车将货物发送第三人，发货人与铁路局订立的铁路运输合同为基本合同，铁路局将货物运至第三人为第三人约款。铁路局之所以将货物运至第三人，是由于发货人交付了运费，发货人与铁路局形成补偿关系。发货人使铁路局将货物运至第三人，多是因与第三人有对价关系。

合同履行的抗辩权有哪些？

🅐 合同履行抗辩权,是指符合法定条件时,当事人一方对抗对方当事人的履行请求权,暂时拒绝履行其债务的权利,是针对请求权而言的一种对抗权。行使抗辩权包括同时履行抗辩权、先履行抗辩权和不安抗辩权。

同时履行抗辩权,是指双务合同的一方当事人在对方未履行对待给付义务前,可以拒绝履行自己的债务的权利。如甲乙订立了一个买卖合同,双方在合同中约定某日一手交钱一手交货(即没有先后履行顺序)。现在合同规定的履行期届至,如果甲在没有履行的时候要求乙履行,乙就有权拒绝甲的履行请求,这个权利就是同时履行抗辩权,甲也享有同样的权利。

先履行抗辩权,是指当事人互负债务,有先后履行顺序,先履行一方未履行之前,后履行一方有权拒绝其履行请求。先履行一方履行债务不符合约定的,后履行一方有权拒绝其相应的履行要求。如甲乙订立了一个买卖合同,双方在合同中约定先交货后付款（即约定了先后履行顺序）。如果卖方在没有交货时或者所交货物完全不合约定时即要求买方付款，买方有权拒绝卖方的请求，买方行使的权利就是先履行抗辩权。

不安抗辩权。是指在双务合同中有先为给付义务的当事人，因他方财产显著减少或资力明显减弱，有难为对待给付的情形时，在他方未为对待给付或提供担保前，有拒绝自己给付的权利。如甲乙订立了一个买卖合同，双方在合同中约定先交货后付款（即约定了先后履行顺序）。现在，合同约定的交货时间届至，但卖方发现买方企业濒临破产。如果买方既不履行其债务也不愿提供担保的话，卖方即可拒绝买方的交货请求。

当事人应当如何行使抗辩权？

❓ 当事人在需要行使抗辩权的时候，应该根据自己的具体情况，选择法定的抗辩权行使，才能得到法院的支持，更好地维护自己的合法权益。

（一）先履行抗辩权的行使条件。

先履行抗辩权的行使应当具备以下三个条件：（1）双方当

事人须有同一双务合同且互负债务；（2）双方所负的债务须有先后履行顺序；（3）应当先履行的当事人未履行债务或履行债务不符合约定。

（二）同时履行抗辩权的行使条件。

同时履行抗辩权的行使条件有：（1）须有同一双务合同且互负债务；（2）双方互负的债务须均已届清偿期；（3）须对方未履行债务或未提出履行债务；（4）对方的对待给付须是可能履行的。

（三）不安抗辩权的行使条件。

行使不安抗辩权应具备以下条件。（1）必须是在同一双务合同关系中，互负债务并具有关联性，形成对价关系。在单务合同中，不存在不安抗辩权的问题。不是同一双务合同，也不存在不安抗辩权的问题。虽是同一合同，但没有对价关系，同样也产生不了不安抗辩权。（2）对方丧失或者可能丧失履行债务的能力。设立不安抗辩权的目的是为了保障先履行一方当事人的合法权益，因此行使不安抗辩权必须以后履行的一方丧失或者可能丧失履行债务的能力为前提，没有确切证据证明后履行的一方丧失或者可能丧失履行债务的能力，就不能行使不安抗辩权。

因债权人原因造成的债务履行困难应当怎样处理？

答 根据《合同法》第七十条规定，债权人分立、合并或者变更住所没有通知债务人，导致债务人履行义务发生困难的，债务人可以采取两种补救措施：一是中止履行；二是将标的物提存。需要注意的是，这两种补救措施须以债权人导致履行债务发生困难为前提条件。否则，债务人须承担违约责任。

中止履行仅是债务人暂时停止履行自己的义务，并不能消灭自身义务，合同也不因中止履行而终止。在明确了履行对象或者债权人的住所后，债务人应当继续履行债务。

将标的物提存是一种终止合同关系的方式，标的物依法提存后，合同权利义务关系即行消灭。债务人的债务消灭后，不再承担向任何人履行债务的义务。

债务可以提前履行或部分履行吗？

答 根据《合同法》第七十一、七十二条规定，债务人提前履行或部分履行债务时，债权人可以拒绝。但如果债务人提前履行或部分履行债务并不会损害债权人利益时，债权人不可拒绝。当债务人提前履行或部分履行债务给债权人增加费用时，由债务人承担。

债务人怠于行使或者放弃到期债权，债权人有何救济手段？

答 债权具有相对性，债权人只能向债务人请求履行，原则上不及于第三人。但当债务人与第三人的行为危及债权人的债权实现时，法律允许债权人对债务人与第三人的行为行使一定的权利，以排除对其债权的危害。这一制度也称为债的保全制度，是债的对外效力的体现。债的保全方法（即债权人的救济手段）有两种：一是债权人的代位权；二是债权人的撤销权。

（一）债权人的代位权。根据《合同法》第七十三条规定："因债务人怠于行使其到期债权，对债权人造成损害的，债权人可以向人民法院请求以自己的名义代位行使债务人的债权，但该债权专属于债务人自身的除外。"即债权人享有代位权，当符合一定的条件时，可以直接起诉次债务人（即债务人的债务人），要求其清偿债务，这种诉讼行为也称为代位权诉讼。

根据《最高人民法院关于适用〈中华人民共和国合同法〉若干问题的解释（一）》第十一条规定，债权人提起代位权诉讼须满足的条件是：（1）债权人对债务人的债权合法；（2）债务人怠于行使其到期债权，对债权人造成损害；（3）债务人的债权已到期；（4）债务人的债权不是专属于债务人自身的债权。

所谓"专属于债务人自身的债权"，是指基于扶养关系、抚养关系、赡养关系、继承关系产生的给付请求权和劳动报酬、退休金、养老金、抚恤金、安置费、人寿保险、人身伤害赔偿请求权等权利。

所谓"债务人怠于行使其到期债权，对债权人造成损害的"，是指债务人不履行其对债权人的到期债务，又不以诉讼方式或者仲裁方式向其债务人主张其享有的具有金钱给付内容的到期债权，致使债权人的到期债权未能实现。若次债务人不认为债务人有怠于行使其到期债权情况的，应当承担举证责任。

债权人应向被告住所地人民法院提起代位权诉讼。若债权人以次债务人为被告向人民法院提起代位权诉讼，没有将债务人列为第三人的，人民法院可以追加债务人为第三人，两个或两个以上债权人以同一次债务人为被告提起代位权诉讼时，人民法院可以合并审理。

在代位权诉讼中，债权人请求人民法院对次债务人的财产采取保全措施的，应当提供相应的财产担保。次债务人对债务人的抗辩，亦可以向债权人主张。债务人在代位权诉讼中对债权人的债权提出异议，经审查异议成立的，人民法院应当裁定驳回债权人的起诉。

债权人向次债务人提起的代位权诉讼经人民法院审理后认定代位权成立的，由次债务人向债权人履行清偿义务，债权人与债务人、债务人与次债务人之间相应的债权债务关系即予消灭。

《合同法》第七十三条规定："代位权的行使范围以债权人的债权为限。"即在代位权诉讼中，债权人行使代位权的请求数额超过债务人所负债务额或者超过次债务人对债务人所负债务额的，对超出部分人民法院将不予支持。若债务人在代位权诉讼中，对超出债权人代为请求数额的债权部分起诉次债务人的，应向有管辖权的人民法院另行起诉。债务人的起诉符合法定条件的，人民法院应当受理，但在代位权诉讼裁决发生法律效力之前，法院将依法中止审理。

《合同法》第七十三条亦规定："债权人行使代位权的必要费用，由债务人负担。"换言之，在代位权诉讼中，债权人胜诉的，诉讼费用由次债务人负担，从实现的债权中优先支付。

（二）债权人的撤销权。根据《合同法》第七十四条规定："因债务人放弃其到期债权或者无偿转让财产，对债权人造成损害的，债权人可以请求人民法院撤销债务人的行为。债务人以明显不合理的低价转让财产，对债权人造成损害，并且受让人知道该情形的，债权人也可以请求人民法院撤销债务人的行为。撤销权的行使范围以债权人的债权为限。债权人行使撤销权的必要费用，由债务人负担。"这就是说，当符合一定条件时，债权人可以向被告住所地人民法院提起撤销权诉讼，请求人民法院撤销债务人放弃债权或者转让财产的行为，法院对此主张进行审理，依法撤销的，则债务人放弃债权或转让财产的行为自始无效。若债权人只以债务人为被告，未将受益人或者受让人列为第三人的，人民法院可以追加受益人或受让人为第三人。债权人行使撤销权所支付的律师代理费、差旅费等必要费用，由债务人负担；第三人有过错的，应当适当分担。

所谓"明显不合理的低价"，由人民法院以交易当地一般经营者的判断,并参考交易当时交易地的物价部门指导价或者市场交易价,结合其他相关因素综合考虑予以确认。转让价格达不到交易时交易地的指导价或者市场交易价70%的,一般可以视为明显不合理的低价;对转让价格高于当地指导价或者市场交易价30%的,一般可以视为明显不合理的高价。债务人以明显不合理的高价收购他人财产,人民法院可以根据债权人的申请予以撤销。

至于撤销权的期间,《合同法》第七十五条规定:"撤销权自债权人知道或者应当知道撤销事由之日起一年内行使。自债务人的行为发生之日起五年内没有行使撤销权的,该撤销权消灭。"该条中的"五年"为不变期间,不适用诉讼时效中止、中断或者延长的规定。

【案例】 中国农业银行汇金支行诉张家港涤纶厂代位权纠纷案

案例简介:1997年7月,哈尔滨工艺品进出口公司(以下简称"工艺品公司")因代理江苏省张家港市涤纶厂(以下简称"涤纶厂")进口日本产聚酯FDY卷绕装置及配套设备,向中国农业银行哈尔滨市分行（以下简称"汇金农行"）国际业务部申请开具信用证。汇金农行分别于1998年2月17日、7月30日，1999年1月26日，为工艺品公司申请的两份信用证垫付337 555 520日元，折合人民币23 866 811.55元。涤纶厂通过工艺品公司，向汇金农行支付信用证项下保证金998万元，并将所购设备抵押给工艺品公司。1999年2月6日，涤纶厂向工艺品公司出具分期付款资金安排计划函一份，承诺1999年4月30日、5月30日、6月30日、7月30日前分别还款30万元，8月30日前还款500万元，9月30日前还款30万元，10月30日前还款200万元，12月30日前还款30万元，2000年1月30日前付清工艺品公司垫付的信用证保证金余款。对此，工艺品公司未表示异议。2000年2月16日，工艺品公司致函涤纶厂称：根据涤纶厂1999年2月6日的承诺，应在2000年1月30日前偿还全部欠款，现要求在2000年2月20日前全部归还。2000年2月18日，涤纶厂复函称：由于企业困难，请求允许其自2000年3月起每月支付10万元，其将在能力许可的范围内安排归还更多的资金。2000年2月23日，工艺品公司在涤纶厂的复函上签署"同意以上付款的意见"，并加盖了单位公章。

1999年2月6日,涤纶厂出具还款承诺后,先后支付给工艺品公司110万元。同年6月21日,涤纶厂与工艺品公司就抵押设备签订了《关于抵押合同变更协议》,在该协议中双方明确:双方之间的债原为2 380万元左右,现涤纶厂尚欠工艺品公司债务1 400万元左右。

汇金农行认为工艺品公司一直怠于行使对涤纶厂的人民币2 231.4万元到期债权,于是向苏州市中级人民法院提起代位权诉讼,诉请涤纶厂代偿工艺品公司欠款2 231.4万元;同时通知涤纶厂停止给付工艺品公司欠款。

一审法院认为汇金农行为第三人工艺品公司申请开具的信用证垫付款项13 886 811.55元的事实清楚,该债权合法且已到期,工艺品公司理应及时支付。被告涤纶厂欠工艺品公司的进口设备款项,按1999年2月6日双方签订的还款计划到期后,工艺品公司没有通过诉讼或仲裁的方式向涤纶厂主张到期债权,相反对涤纶厂2000年2月18日出具的延期还款计划予以认可。工艺品公司的上述行为,应当认定属怠于行使到期债权,且对汇金农行的债权造成损害,故汇金农行提起代位权诉讼,符合法定条件。第三人工艺品公司没有向原告汇金农行支付信用证垫付款,又怠于向被告涤纶厂行使到期债权,对汇金农行的合法利益造成了损害。汇金农行请求代位行使工艺品公司对涤纶厂的债权，应予支持。工艺品公司与涤纶厂之间具体的债务数额虽没有确定，但双方债权债务关系是明确的，故不影响汇金农行行使代位权。关于涤纶厂代为清偿的数额，根据该厂1999年2月6日出具的还款承诺，应认定为880万元，扣除此后涤纶厂汇付工艺品公司的110万元；剩余部分应由涤纶厂代为清偿；清偿之后，汇金农行与工艺品公司以及工艺品公司与涤纶厂之间的债权债务关系即予消灭。故一审法院判定涤纶厂在判决生效后十日内对哈尔滨工艺品公司结欠哈尔滨汇金农行的信用证垫付款770万元履行清偿义务。

一审宣判后，汇金农行和涤纶厂均不服，分别向江苏省高级人民法院提起上诉。汇金农行认为一审将债务确定为880万元认定不当，以及诉讼费用分担不当，请求改判涤纶厂偿还工艺品公司所欠的信用证垫款12 786 811.55元，并承担全部诉讼费用。而涤纶厂的主要上诉理由为工艺品公司一直在主张权利，并未怠于行使到期债权；此外根据2000年2月23日的还款计划，涤纶厂欠工艺品公司的债务尚未到期；此外，由于工艺品公司在履行进口协议时有违约行为，所以在还款计划中，双方并未明确债务的具体数额，债务处于不确定状态。一审判决后，涤纶厂已与工艺品公司达成设备抵款协议,将价值22 441 200元的聚酯FDY卷绕装置抵偿给工艺品公司,抵清涤纶厂结欠工艺品公司的全部债务。该协议已经履行,涤纶厂与工艺品公司之间的债已经消灭,应驳回汇金农行对涤纶厂的全部诉讼请求。

二审法院认为,一审认定债务人怠于行使债权并无不当。但一审法院就汇金农行代位行使工艺品公司对涤纶厂债权的具体数额认定不当。汇金农行在上诉期间,向涤纶厂主张12 786 811.55元的代位清偿权未超过工艺品公司对涤纶厂的债权范围,应当予以确认。二审法院改判涤纶厂应给付汇金农行为工艺品公司垫付的信用证余款12 786 811.55元;另,依据"在代位权诉讼中,债权人胜诉的,诉讼费由次债务人负担,从实现的债权中优先支付"的规定,汇金农行提出一审法院判其承担的诉讼费过多的上诉请求,予以支持。[1]

知识点:本案的争议焦点之一为汇金农行能否行使代位权。《合同法》第七十三条规定了债的保全方式之一——债权人的代位权。债务人不履行其对债权人的到期债务,又不以诉

---

[1] 参见《中国农业银行汇金支行诉张家港涤纶厂代位权纠纷案》,载《最高人民法院公报》2004年第4期。

讼方式或者仲裁方式向其债务人主张其享有的具有金钱给付内容的到期债权，致使债权人的到期债权未能实现，债权人可以提起代位权诉讼。次债务人（即债务人的债务人）不认为债务人有怠于行使其到期债权情况的，应当承担举证责任。

本案中，债务人工艺品公司既未积极向债权人汇金农行履行到期债务，又未通过诉讼或者仲裁方式主张其对次债务人涤纶厂的到期债权，而在其债权到期后，通过签订延期还款协议，将还款时间延长八年之久，明显损害了债权人汇金农行的合法权益。工艺品公司的上述行为，导致汇金农行的债权不能实现，属于《合同法》第七十三条规定的债务人怠于行使债权。因此，法院认定债务人行为构成怠于行使债权，即使债务人与次债务人之间的具体债务数额尚未确定，也不影响债权人对代位权的行使。

本案争议焦点之二为汇金农行代位行使工艺品公司对涤纶厂债权的具体数额。在代位权诉讼中，债权人行使代位权的请求数额超过债务人所负债务额或者超过次债务人对债务人所负债务额的，对超出部分人民法院不予支持。本案中，汇金农行对涤纶厂行使代位权，其范围应当以其对工艺品公司的债权为限，同时不应超出工艺品公司对涤纶厂的债权。

汇金农行对工艺品公司的债权，是其为信用证项下的全部垫款减去申请开证人已付的保证金，数额为 13 886 811.55 元。工艺品公司对涤纶厂的债权，是其对外支付的货款和履行代理进口协议的代理费用，减去涤纶厂付出的保证金和 1999 年 2 月 6 日后偿还的 110 万元。1999 年 2 月 6 日工艺品公司与涤纶厂签订的协议，并非是对双方之间全部债权数额的最终确认，只约定了涤纶厂应在 2000 年 1 月 30 日前付清余款。1999 年 6 月 21 日，工艺品公司与涤纶厂签订的《关于抵押权变更协议》中，双方约定的债务数额为 1 400 万元左右，这是双方的真实意思表示。汇金农行在上诉期间，只向涤纶厂主张 12 786 811.55 元的代位清偿权，并未超过工艺品公司对涤纶厂的债权范围，应当予以确认。

本案争议焦点之三为涤纶厂与工艺品公司于上诉期间达成的设备抵债协议的效力及其法律后果。涤纶厂与工艺品公司在一审判决之后达成以资产抵债的协议无效，不能产生导致本案终结的法律后果。《最高人民法院关于适用〈中华人民共和国合同法〉若干问题的解释（一）》第二十条规定："债权人向次债务人提起的代位权诉讼经人民法院审理后认定代位权成立的，由次债务人向债权人履行清偿义务，债权人与债务人、债务人与次债务人之间相应的债权债务关系即予消灭。"代位权制度的立法本意是鼓励债权人积极行使权利。本案中，进入代位权诉讼程序后，债务人即丧失了主动处分次债务人债权的权利。代位权行使的后果直接归属于债权人，次债务人如果履行义务，只能向代位权人履行，不能向债务人履行。工艺品公司在诉讼中主动清结债权债务，存在逃避诉讼、规避法律的故意。此外，工艺品公司与涤纶厂达成以资产抵债协议，对该设备的实际价值并未进行评估，其所提供的双方在1999年6月办理抵押变更登记时所作的评估，并不能反映目前抵债协议签订时设备的真实状况，且代位权人汇金农行对该抵债协议不予认可，因此法院对涤纶厂提出的这项上诉理由不予支持。

第五章 合同的变更和转让

合同变更要满足什么条件？

答 合同变更，是指在合同成立但尚未届履行期或者尚未完全履行之前，当事人在原合同的基础上达成修改、补充合同，更换合同标的或者转让合同权利义务的协议。合同变更包括合同的内容变更、合同的主体变更和合同的客体变更。[1]据此,合同变更需满足的条件包括以下五个。

(一)原合同成立。合同变更以原合同的存在为前提。

(二)原合同未履行或者未完全履行。如果合同已经履行完毕,就没有变更的可能。合同履行完成后,即使双方当事人对已履行的权利义务再作"变更",也只能认定为原合同已消灭,双方又订立了一个新合同。

(三)当事人对变更的内容协商一致。《合同法》第七十七条规定:"当事人协商一致,可以变更合同。"当事人可以就合同内容、合同主体、合同客体的变更进行协商,达成一致的为合同变更。

(四)符合法律、行政法规规定的形式要件。《合同法》第七十七条规定:"法律、行政法规规定变更合同应当办理批准、登记等手续的,依照其规定。"即以批准、登记手续为生效条件的合同,须办理相应手续。如在一审法庭辩论终结前当事人仍未办理批准手续的,或者仍未办理批准、登记等手续的,人民法院将认定该合同未生效。

---

[1] 沈幼伦:《合同法教程》,北京大学出版社2013年版,第92页。

（五）当事人对变更合同的内容需约定明确。根据《合同法》第七十八条规定，合同变更时，若当事人对变更的内容约定不明确的，推定为未变更。换言之，当事人应当就合同变更的内容作出明确的约定，如此才能断定当事人变更的真实意思，便于合同履行，否则不能认为合同已被变更，当事人需按照原合同履行。

《物权法》《担保法》《保险法》等部门法中就合同变更均有特别规定。如《物权法》第一百九十四条规定，抵押权人可以放弃抵押权或者抵押权的顺位，但抵押权的变更，未经其他抵押权人书面同意时，不得对其他抵押权人产生不利影响。又如《担保法》第二十四条规定，在担保合同中，如债权人与债务人协议变更主合同的，应当取得保证人书面同意，未经保证人书面同意的，保证人不再承担保证责任。保证合同另有约定的，按照约定。

什么是债权转让？发生债权转让会产生哪些新的权利义务关系？

答 债权转让是合同主体变更的情形之一。根据《合同法》第七十九条规定,"债权人可以将合同的权利全部或者部分转让给第三人"。"债权人"即为合同权利人,合同权利让与时一般遵循意思自治原则,但并非可以绝对任意进行。在一定情况下,合同转让受到一定限制,《合同法》第七十九条明确了三个方面的限制,即依合同性质、当事人约定、法律规定不得转让的,合同权利不得转让。

债权人转让权利时负有通知义务,没有通知债务人的,则该转让对债务人不发生效力。因此,通知是合同权利转让对债务人生效的必备要件。通知的效力体现在:在转让债权的合同成立后但没有通知债务人之前,债务人有权拒绝对受让人履行债务。同时,在未经通知之前,债务人对转让人所为的清偿以及其他的免责行为,或者是债权人对债务人所为的抵消或免除等行为均有效。债务人在收到通知后,即可对债权的受让人履行合同义务。[1]除非经受让人同意,否则债权人转让权利的通知不得撤销。

债权人转让合同权利,不需要经债务人同意。债务人接

---

[1] 国务院法制办公室编:《中华人民共和国合同法注解与配套》,中国法制出版社2009年版,第87~88页。

到转让通知后，转让行为就生效，权利的受让人成为新的债权人，享有和原债权人同样的权利，债务人向新的债权人履行合同义务。债权转让后产生的权利义务关系包括以下四个方面。

（一）债权人转让权利时，与债权有关的从权利一并转让予受让人。通常从权利包括抵押权、质权等担保物权以及担保主债权的保证债权，当主债权转让时，这些从权利原则上也随之转让，但属于债权人自身的从权利除外。专属于债权人自身的从权利可基于法律的直接规定或者因原合同的性质、原合同当事人的约定而存在。

（二）债务人接到债权转让通知后，债务人对让与人的抗辩，可以向受让人主张。即债权人的变化不会影响债务人所享有的对原债务人的抗辩权，债务人可以主张的抗辩主要有：一是债权未发生的抗辩，如主张债权因违法或损害社会公共利益而无效；二是债权消灭的抗辩，即债权虽为有效，但已经消灭，如主张债权因清偿、抵消、免除等原因而消灭；三是拒绝给付之抗辩，即债权虽然存在，但债务人有理由拒绝受让人请求权的行使，如同时履行抗辩权或者诉讼时效届满后的拒绝给付。

（三）当债务人对让与人享有债权，且债务人的债权先于转让的债权到期或者同时到期的，债务人也可以向受让人主张抵销权。抵消是双方相互负有同种类的给付义务，将两项债务互相冲抵，使其相互在对等额度内消灭。债务人享有的对原债权人的债权，可以对受让人主张抵消。债务人对受让人行使抵销权须符合三个要件：一是债务人接到转让通知；二是债务人对让与人享有的债权的履行期先于或与让与的债权同时到期；三是债务人对让与人享有到期债权，及该债权已届清偿期。

（四）《最高人民法院关于适用〈中华人民共和国合同法〉若干问题的解释（一）》第二十七条规定："债权人转让合同权利后，债务人与受让人之间因履行合同发生纠纷诉至人民法院，债务人对债权人提出抗辩的，可以将债权人列为第三人。"

【案例】 陕西西岳山庄有限公司与中建三局建发工程有限公司、中建三局第三建设工程有限责任公司建设工程施工合同纠纷案

案例简介：陕西西岳山庄有限公司（甲方）就其所属的华山假日酒店工程，于2001年11月30日与中建三局第三建设工程有限责任公司（乙方）签订《建设工程施工合同》（以下简称"施工合同"),约定工程建设日期为2001年12月26日至2002年10月31日。双方就合同价款、合同价款支付及合同价款的调整、竣工与结算、违约责任、增订条款等事宜签订协议。

2004年4月14日,中建三局第三建设工程有限责任公司向西岳山庄发出债权转移通知书称:"贵方与公司于2002年签订了建设工程施工合同,现在我公司因改制重组的需要,欲将我公司对贵方所享有的上述债权转让给武汉中建三局建发实业发展公司。"西岳山庄予以签收。2004年11月17日,武汉中建三局建发工程有限公司变更登记为中建三局建发工程有限公司。

2002年7月至2003年4月,中建三局第三建设工程有限责任公司数次向西岳山庄催要工程进度款;2004年10月29日,中建三局第三建设工程有限责任公司向西岳山庄以特快专递方式送达《工作联系单》《现场变更签证单》《致陕西西岳山庄有限公司关于华山假日酒店工程进度报量问题的函》,请求西岳山庄确认工期顺延、误工费及机械停滞费。西岳山庄亦提供了大量的监理例会纪要、工程联系单等证据,用以证明中建三局第三建设工程有限责任公司施工不规范、工程质量不合格、管理不严、拖延工期等问题。中建三局建发工程有限公司认为西岳山庄违反合同约定，拖欠工程款并造成误工损失，遂向陕西省高级人民法院提起诉讼。西岳山庄提起反诉，认为中建三局第三建设工程有限责任公司违反合同约定，延迟交付涉案工程，给西岳山庄造成了经济损失。

一审法院认为，西岳山庄与中建三局第三建设工程有限责任公司所签订的《施工合同》，系双方的真实意思表示，且不违反法律、行政法规强制性规定，应为有效合同。中建三局第三建设工程有限责任公司将合同债权转让给建发公司，并向西岳山庄送达了债权转让通知书，符合相关法律规定。该转让行为系转让人与受让人真实意思表示，并不损害债务人的利益，依法认定有效。建发公司因此取得中建三局第三建设工程有限责任公司应享有的合同债权。

西岳山庄不服陕西高级人民法院判决，向最高人民法院提起上诉称：原判认定事实和适用法律均有错误。依据合同性质，涉案合同债权依法不得转让，转让时涉案工程项目根本不具备结算条件，中建三局第三建设工程有限责任公司与西岳山庄之间的债权债务关系无法确定，西岳山庄仅在回执上注明收到该通知并未同意其转让行为。故原审判决判令中建三局第三建设工程有限责任公司将其涉案合同债权转让给中建三局建发有限公司有效是错误的。

二审中,法院认定中建三局建发工程有限公司基于受让中建三局第三建设工程有限责任公司的债权取得本案诉讼主体资格,西岳山庄上诉理由不成立。[1]

知识点:本案中双方当事人争议焦点之一是中建三局建发有限公司是否具有诉讼主体资格,即中建三局第三建设工程有限责任公司向中建三局建发工程有限公司转让债权是否合法有效。根据《合同法》第七十九条规定,债权人可以将合同的权利全部或者部分转让给第三人,但根据合同性质不得转让的、按照当事人的约定不得转让的和依照法律规定不得转让的除外。

本案中,中建三局第三建设工程有限责任公司履行了部分合同义务,取得了向西岳山庄请求支付相应工程款的权利。转让行为发生时,中建三局第三建设工程有限责任公司的此项债权已经形成,债权数额后被本案鉴定结论所确认。西岳山庄

---

[1] 参见最高人民法院(2007)民一终字第10号民事判决书,载《最高人民法院公报》2007年第12期。

接到中建三局第三建设工程有限责任公司的《债权转移通知书》后，并未对此提出异议，法律、法规亦不禁止建设工程施工合同项下的债权转让，只要建设工程施工合同的当事人没有约定合同项下的债权不得转让，债权人向第三人转让债权并通知债务人的，债权转让合法有效，债权转让无须征得债务人同意。根据《合同法》第八十、八十一条的规定，涉案债权转让合法有效，中建三局建发工程有限公司因此受让中建三局第三建设工程有限责任公司对西岳山庄的债权及从权利。西岳山庄虽然主张涉案债权依法不得转让，但并未提供相关法律依据，因此法院对西岳山庄关于中建三局第三建设工程有限责任公司转让债权的行为无效的主张不予支持。

什么叫债务转移？发生债务转移会产生哪些新的权利义务关系？

答 债务转移也是合同主体变更的情形之一。根据《合同法》第八十四条，所谓"债务转移"是指债务人将合同的义务全部或者部分转移给第三人，即由第三人承受合同义务，原义务人退出合同关系，不再受合同的约束。债务转移时必须经债权人同意，换言之，义务人与第三人就合同义务转移达成的协议须经合同权利人同意方可生效。权利人同意既可以向义务人作出，也可以向第三人作出。同意的意思到达义务人或第三人时生效。

债务转移后会产生新的权利义务，包括：(1)债务人转移义务时，新债务人可以主张原债务人对债权人的抗辩；(2)与主债务有关的从债务一并转移予新债务人，但属于原债务人自身的从债务除外。

《担保法》等部门法中就债务转移亦有特别规定。以担保为例，保证期间内债权人许可债务人转让债务的，应当取得保证人书面同意，保证人对未经其同意转让的债务，不再承担保证责任。保证期间内债权人许可债务人转让部分债务未经保证人书面同意的，保证人对未经其同意转让部分的债务，不再承担担保责任。但是，保证人仍对未转让部分的债务承担保证责任。

什么是概括转让？发生概括转让会产生哪些新的权利义务关系？

答 所谓"概括转让"是指合同中的权利和义务一并转

移。概括转让分为约定的概括转让和法定的概括转让。

（一）约定的概括转让。根据《合同法》第八十八条规定："当事人一方经对方同意，可以将自己在合同中的权利和义务一并转让给第三人。"即当事人一方将自己在合同中的权利义务一并转移给第三人，除与第三人达成合意外，还应当取得对方当事人的同意。

（二）法定的概括转让。即由法律直接规定，无须当事人协商，根据《合同法》第九十条规定："合同当事人在订立合同后合并的，由合并后的法人或者其他组织行使合同权利，履行合同义务。而当事人在订立合同后分立的，除债权人和债务人另有约定的以外，由分立的法人或者其他组织对合同的权利和义务享有连带债权，承担连带债务。"

由于是权利和义务一并转让，因此债权转让和债务转移中所产生的权利义务，同样适用于概括转让。具体而言：（1）转让合同权利和义务时，从权利和从债务一并转让，受让人取得与债权有关的从权利和从债务，但该从权利和从债务专属于让与人自身的除外；（2）转让合同权利和义务不影响债务人抗辩权的行使；（3）债务人对让与人享有债权的，可以依照有关规定向受让人主张抵消；（4）法律、行政法规规定应当办理批准、登记手续的,应当依照其规定办理。

第六章 合同的权利义务终止

合同消灭的原因有哪些?

🅰 合同消灭,又称合同权利义务关系的终止,是指合同之债的关系在客观上不复存在,合同权利和义务归于消灭。[1] 根据《合同法》第九十一条,引发合同消灭的原因包括以下七种情形。

(一)债务已经按照约定履行。履行是债权实现的动态过程,从债的消灭角度描述履行行为即为清偿。当债务人在清偿债务过程中,其给付金额不足以清偿对同一债权人所负的数笔相同种类的全部债务,则优先抵充已到期的债务;当几项债务均到期的,则优先抵充对债权人缺乏担保或者担保数额最少的债务;当担保数额相同时,则优先冲抵债务负担较重的债务;负担相同时,按照债务到期的先后顺序抵充;到期时间相同

---

[1] 陈小君主编:《合同法学》,高等教育出版社2010年版,第251页。

的，按比例抵充。当债权人与债务人对清偿的债务或清偿抵充顺序有约定时，依约定。

（二）合同解除。我国并没有关于合同解除的统一概念界定，根据现行法律规定，我国合同解除包括《合同法》第九十三条规定的约定解除、第九十四条规定的法定解除以及《最高人民法院关于适用〈中华人民共和国合同法〉若干问题的解释（二）》第二十六条认可的裁判机关基于公平原则裁决解除[1]。

（三）债务相互抵销。所谓抵销，是指两人互负债务时，各以其债权充当债务的清偿，而使其债务和对方的债务在对等额度内相互消灭。抵销有广义和狭义之分，广义的抵销包括法定抵销与合意抵销两种，狭义的抵销则仅指法定抵销。[2]《合

---

[1]《最高人民法院关于适用〈中华人民共和国合同法〉若干问题的解释（二）》第二十六条规定："合同成立以后客观情况发生了当事人在订立合同时无法预见的、非不可抗力造成的不属于商业风险的重大变化，继续履行合同对于一方当事人明显不公平或者不能实现合同目的，当事人请求人民法院变更或者解除合同的，人民法院应当根据公平原则，并结合案件的实际情况确定是否变更或者解除。"此即所谓的"情势变更制度"。
[2] 陈小君主编:《合同法学》，高等教育出版社2010年版，第254～255页。

同法》第九十九、一百条分别对两种抵销作了规定。

（四）债务人依法将标的物提存。提存一般是指债务人由于债权人的原因而无法向其交付债的标的物时，可以将该标的物提交给提存机关保存，从而消灭债务的制度。一般的提存制度由《合同法》第一百零一～一百零四条加以规定，特殊的提存制度则规定在《担保法》等法律中。

（五）债权人免除债务。免除是债权人抛弃债权并发生债务消灭效力的单方行为。免除的效力规定在《合同法》第一百零五条。

（六）债权债务同归于一人，也称混同。混同的成立仅以债权债务同归于一人的事实为要件，无须任何人的意思表示。混同的原因包括债权债务的概括承受以及特定承受。混同的效力由《合同法》第一百零六条规定。

（七）法律规定或者当事人约定终止的其他情形。

合同消灭后当事人还应履行什么法律义务？

答 合同消灭后，当事人仍应遵循诚实信用原则，根据交易习惯，仍负有通知、协助、保密等义务。如当事人一方违反这些义务，给对方当事人造成损失，对方当事人请求赔偿实际损失时，人民法院将予以支持。

合同的约定解除、法定解除分别是什么？

❷《合同法》第九十三条规定，"合同的约定解除"包括两种形式：一是当事人双方协商一致解除合同；二是当事人在合同中约定解除权，即双方当事人事前在合同中约定，在合同成立后，没有履行或没有履行完毕之前，由当事人一方在某种情况出现后享有解除权。解除合同的条件成就时，解除权人可以解除合同，使合同关系终止。

《合同法》第九十四条规定，"合同的法定解除"是指当发生法律规定的情形之一时，当事人有权解除合同。这些法定情形包括：（1）因不可抗力致使不能实现合同目的；（2）在履行期限届满之前，当事人一方明确表示或者以自己的行为表明不履行主要债务；（3）当事人一方迟延履行主要债务，经催告后在合理期限内仍未履行；（4）当事人一方迟延履行债务或者有其他违约行为致使不能实现合同目的；（5）法律规定的其他情形。

合同解除权的行使有什么限制？

合同解除权的行使有一定的限制。如果法律规定或者当事人约定了解除权行使的期限，应当在法定或者约定的解除权行使期限内行使解除权。当期限届满之时当事人不行使解除权的，该权利消灭。如果法律没有规定或者当事人没有约定解除权行使期限，经对方催告后在合理期限内不行使的，那么，该权利也会消灭。当事人主张解除合同，应当通知对方。合同自通知到达对方时解除。如果对方有异议，可以请求人民法院或者仲裁机构确认解除合同的效力。应当注意，根据《最高人民法院关于适用〈中华人民共和国合同法〉若干问题的解释（二）》第二十四条规定："当事人对合同解除虽有异议，但在约定的异议期限届满后才提出异议并向人民法院起诉的，人民法院不予支持；当事人如果没有约定异议期间，在解除合同或者债务抵销通知到达之日起三个月以后才向人民法院起诉的，人民法院不予支持。"

对于某些特殊的合同，如果法律、行政法规规定解除合同应当办理批准、登记等手续的，则应当按照法律、行政法规的相关规定依法履行批准、登记手续。同时，《最高人民法院关于适用〈中华人民共和国合同法〉若干问题的解释（一）》第九条规定："法律、行政法规规定合同应当办理批准手续，或者办理批准、登记等手续才生效，在一审法庭辩论终结前当事人仍未办理批准手续的，或者仍未办理批准、登记等手续的，人民法院应当认定该合同未生效；法律、行政法规规定合同应当办理登记手续，但未规定登记后生效的，当事人未办理登记手续不影响合同的效力，合同标的所有权及其他物权不能转移。"

此外，根据《最高人民法院关于适用〈中华人民共和国合同法〉若干问题的解释（二）》第二十六条规定："合同成立以后客观情况发生了当事人在订立合同时无法预见的、非不可抗力造成的不属于商业风险的重大变化，继续履行合同对于一方当事人明显不公平或者不能实现合同目的，当事人请求人民法院变更或者解除合同的，人民法院应当根据公平原则，并结合案件的实际情况确定是否变更或者解除。"

法定解除合同的效力是什么？

答 合同解除后，如果合同尚未被履行，则双方当事人可以终止履行合同；如果合同已被履行，根据履行情况和合同性质，当事人可以要求恢复原状、采取其他补救措施、并有权要求赔偿损失。同时应当注意，在合同解除以后，合同的权利义务终止，不影响合同中结算和清理条款的效力。

什么是债务的抵消？法律对债务抵消有什么限制？

答 债务抵消分为法定抵消和约定抵消两种。所谓法定抵消是指如果当事人互相负有到期债务，并且该债务的标的物种类、品质是相同的，在这种情况下，任何一方都可以将自己的债务与对方的债务抵销。但是，依照法律规定或者按照合同性质不可以抵销的除外。当事人如果主张抵销债务，应当通知对方当事人，通知自到达对方时生效。并且合同的抵销不得附条件或者附期限。《最高人民法院关于适用〈中华人民共和国合同法〉若干问题的解释（二）》第二十三条规定："对于可以抵销的到期债权，当事人约定不得抵销的，人民法院可以认定该约定有效。"因此，在订立合同之时，双方当事人可以约定禁止债务抵消的条款。根据第二十四条的相关规定，当事人对债务抵销有异议，应当在约定的异议期限届满之前提出。在约定的异议期限届满后才提出异议并向人民法院起诉的,人民法院不予支持;当事人如果没有约定异议期间,在债务抵销通知到达之日起三个月以后才向人民法院起诉的,人民法院不予支持。

所谓约定抵消是指当事人虽然互负债务,但是该债务的标的物种类、品质是不相同的,在经双方当事人协商一致的情况下,也可以抵销。

【案例】 怎样确定合同解除的时间和合同解除的异议期间?

案例简介:1992年12月14日,富山宝公司与福星公司签订一份《合作投资兴建三星花园合同书》。鉴于富山宝公司上述履约情况,福星公司委托律师于2004年4月25日向富山宝公司发函,通知富山宝公司解除双方签订的《合作投资兴建三星花园合同书》及《补充协议书》。该函虽无福星公司的公章,但函头已明确该函是受福星公司的委托所拟,且福星公司对该委托代理行为予以认可。富山宝公司在其负责人许礼庚于2004年12月25日签收函后至本案诉讼前也从未提出异议。一审法院认为，福星公司解除合同的通知已于2004年12月25日到达富山宝公司，根据《合同法》第九十六条的规定，应依法确认富山宝公司与福星公司之间的合作开发合同已经在该通知到达富山宝公司时解除。二审法院对此予以确认。[1]

知识点：福星公司已经解除了其与富山宝公司之间的《合作投资兴建三星花园合同书》。首先，福星公司委托律师发出了解除合同的函件，虽然该函件未加盖福星公司的公章，但函件中明确载明受福星公司的委托所拟，且福星公司作为委托人对此予以认可，因此，该行为并未违反《合同法》的相关规定，不能以该函件未加盖福星公司的公章而认定无效。其次，尽管解除合同的函件上签署日期是2004年4月25日，而送达富山宝公司的时间却在2004年年底，前后相差8个月之久，但是，合同解除的确定是以享有解除权一方的相关文

---

[1] 参见《深圳富山宝实业有限公司与深圳市福星股份合作公司、深圳市宝安区福永物业发展总公司、深圳市金安城投资发展有限公司等合作开发房地产合同纠纷案》，载《最高人民法院公报》2011年第5期。

书送达到相对方之时作为开始发生法律效力的依据,送达时间的拖延只能产生合同解除的起始时间相应后延的后果,而不能导致相关文书送达后不发生法律效力。富山宝公司提出的因送达长达8个月从而应当认定解除合同无效的理由没有法律依据。再次,虽然在一审判决中认定,福星公司提出了解除其与富山宝公司签订的《合作投资兴建三星花园合同书》及《补充协议》的诉讼请求,但福星公司提出这一诉讼请求并不能否定解除合同的函件已送达到富山宝公司这一法律事实的存在。最后,《最高人民法院关于适用〈中华人民共和国合同法〉若干问题的解释(二)》第二十四条规定:"当事人对合同法第九十六、九十九条规定的合同解除或者债务抵销虽有异议,但在约定的异议期限届满后才提出异议并向人民法院起诉的,人民法院不予支持;当事人没有约定异议期间,在解除合同或者债务抵销通知到达之日起三个月以后才向人民法院起诉的,人民法院不予支持。"本案中富山宝公司于2004年12月25日收到解除函件后,并未在规定的时间内行使异议权。因此,应当认定福星公司与富山宝公司签订的《合作投资兴建三星花园合同书》已经在合同解除函件到达富山宝公司时解除。

什么情况下可以对合同标的物提存?提存后有何法律后果?

答 《合同法》第一百零一条规定,有下列情形之一,难以履行债务的,债务人可以将标的物提存:

(一)债权人无正当理由拒绝受领;

(二)债权人下落不明;

(三)债权人死亡未确定继承人或者丧失民事行为能力未确定监护人;

(四)法律规定的其他情形。

如果标的物不适于提存或者虽然可以提存,但是提存费用过高的,债务人依法可以拍卖或者变卖标的物,提存所得的价款。债务人对标的物进行提存后,除债权人下落不明以外,债务人应当及时通知债权人或者债权人的继承人、监护人。标的物提存后,毁损、灭失的风险由债权人承担。提存期间,标的物的孳息归债权人所有。提存费用由债权人负担。债权人可以随时领取提存物,但债权人对债务人负有到期债务的,在债权人未履行债务或者提供担保之前,提存部门根据债务人的要求应当拒绝其领取提存物。

债权人领取提存物的权利之行使,也有一定的时间限制。若债务人自提存之日起五年内不行使领取提存物的权利,则该权利消灭,提存物扣除提存费用后归国家所有。这一规定的目的在于督促公民积极行使自己的合法权利。长时间不行使领取提存物的权利,会造成一定程度社会资源的浪费。根据《最高人民法院关于适用〈中华人民共和国合同法〉若干问题的解释(一)》第八条的规定,"债务人自提存之日起五年内不行使领取提存物的权利"这一规定,"五年"为不变期间,不适用诉讼时效中止、中断或者延长的规定。

债权人对标的物进行提存,可以依法进行公证以防止和减少债务纠纷。《公证法》规定了公证机构可以办理提存业务,同时《提存公证规则》(司法部令第38号)对提存的公正的程序、注意事项予以详细的规定。

第七章 违约责任

什么是违约责任?

答 违约责任是指当事人一方不履行合同义务或者虽然履

行了合同义务，但是不符合双方约定，在这种情形下，违约的一方应当承担继续履行、采取补救措施或者赔偿损失等违约责任。如果当事人一方明确表示或者以自己的行为表明其不履行合同义务的，对方当事人可以在履行期限届满之前要求其承担违约责任，这种情况被称为预期违约。

《合同法》对金钱债务和非金钱债务的违约责任有何规定？

❷ 在履行合同过程中当事人一方未支付价款或者报酬的，属于对金钱债务的违约，对方可以要求其支付价款或者报酬。

当事人一方不履行非金钱债务或者履行非金钱债务不符合约定的，属于对非金钱债务的违约，对方可以要求履行。但是，如果属于法律上或者事实上不能履行、债务的标的不适于强制履行，或者履行费用过高、债权人在合理期限内未要求履行的情形，当事人可以拒绝履行。

什么是瑕疵履行？瑕疵履行有什么法律救济手段？

❷ 瑕疵履行是指在履行合同的过程中，当事人提供的

标的物质量不符合约定。在这种情形下，应当按照当事人的约定承担违约责任。如果当事人没有对违约责任进行约定或者虽然有约定但是约定不明确，此时，应当先按照《合同法》第六十一条的相关规定进行确定。即合同生效后，当事人就质量、价款或者报酬、履行地点等内容没有约定或者约定不明确的，可以协议补充；不能达成补充协议的，按照合同有关条款或者交易习惯确定。如果按照《合同法》第六十一条的规定仍不能确定的，受损害方根据标的的性质以及损失的大小，可以合理选择要求对方承担修理、更换、重作、退货、减少价款或者报酬等违约责任。

根据《最高人民法院关于审理买卖合同纠纷案件适用法律问题的解释》第二十一、二十二、二十三条的相关规定，买受人依照约定保留部分价款作为质量保证金，如果出卖人在质量保证期间未及时解决质量问题而影响到标的物的价值或者使用效果，则买受人有权利不支付该部分价款。买受人在检验期间、质量保证期间、合理期间内提出了质量异议，如果出卖人没有按照要求进行修理或者因情况紧急买受人自行或者通过第三人修理标的物后，买受人可以主张出卖人承担因此发生的合理费用。如果标的物不符合约定，买受人可以向人民法院主张以符合约定的标的物和实际交付的标的物按照交付时市场价的价值计算差价以减少价款,如果加款已经交付,买受人可以主张返还减价后多出的部分价款。

法律对履行义务或实施补救措施后的损害赔偿有何规定?

答 根据《合同法》第一百一十二、一百一十三条的相关规定。当事人一方不履行合同义务或者履行合同义务不符合约定的,在履行义务或者采取补救措施后,对方如果还有其他损失的,应当赔偿损失。当事人一方不履行合同义务或者履行合同义务不符合约定,给对方造成损失的,损失赔偿额应当相当于因违约所造成的损失。这些损失应当包括合同履行后可以获得的利益,但不得超过违反合同一方订立合同时预见到或者应当预见到的因违反合同可能造成的损失。

同时,根据《最高人民法院关于审理买卖合同纠纷案件适用法律问题的解释》第三十、三十一条的相关规定,买卖合同当事人一方违约造成对方损失,对方对损失的发生也有过错的,违约方可以主张扣减相应的赔偿额。买卖合同当事人一方因为对方违约而获有利益，违约方可以主张从赔偿额中扣除该部分利益。

法律对违约金、定金是如何定义的？

答 违约金是指按照当事人的约定或者法律的直接规定，一方当事人在违反合同约定时，向守约方支付的金钱或者其他财产。当事人也可以约定违约金的标的物为金钱，也可以约定为金钱以外的其他财产。违约金具有担保债务履行的作用，又具有惩罚违约人和补偿无过错一方当事人所受损失的效果。

定金是指当事人双方为了保证债务的履行，约定由当事人一方先行支付给对方一定数额的金钱作为担保，定金的数额由当事人约定，但不得超过主合同标的额的百分之二十。定金合同要采用书面形式，并在合同中约定交付定金的期限，定金合同从实际交付定金之日生效。债务人履行债务后，定金应当抵作价款或者收回。给付定金的一方不履行约定债务的，无权要求返还定金；收受定金的一方不履行约定的债务的，应当双倍返还定金。

应该怎样选择适用违约金、定金?

答 在违约金的适用问题上,《合同法》第一百一十四条规定:"当事人可以约定一方违约时应当根据违约情况向对方支付一定数额的违约金,也可以约定因违约产生的损失赔偿额的计算方法。约定的违约金低于造成的损失的,当事人可以请求人民法院或者仲裁机构予以增加;约定的违约金过分高于造成的损失的,当事人可以请求人民法院或者仲裁机构予以适当减少。当事人就迟延履行约定违约金的,违约方支付违约金后,还应当履行债务。"根据《最高人民法院关于审理买卖合同纠纷案件适用法律问题的解释》第二十四条的相关规定,在买卖合同中如果双方当事人没有约定逾期付款违约金或者该违约金的计算方法,出卖人以买受人违约为由向法院主张赔偿逾期付款损失的,人民法院将以中国人民银行同期同类人民币贷款基准利率为基础,参照逾期罚息利率标准计算。

根据《最高人民法院关于适用〈中华人民共和国合同法〉若干问题的解释(二)》第二十七、二十八、二十九条的相关规定,双方当事人约定的违约金低于造成的损失时,当事人可以通过反诉或者抗辩的方式,请求人民法院调整违约金。但是增加后的违约金数额以不超过实际损失额为限。增加违约金以后,当事人又请求对方赔偿损失的,人民法院不予支持。当事人主张约定的违约金过高,当事人可以请求人民法院予以适当减少,人民法院会以实际损失为基础,兼顾合同的履行情况、当事人的过错程度以及预期利益等综合因素,根据公平原则和诚实信用原则予以衡量,并作出裁决。当事人约定的违约金超过实际造成损失的百分之三十的,一般可以认定为《合同法》规定的"过分高于造成的损失"。

根据《最高人民法院关于审理买卖合同纠纷案件适用法律问题的解释》第二十四、二十六、二十七条的相关规定,若买卖合同对付款期限作出变更,不影响当事人关于逾期付款违约金的约定,即关于逾期付款违约金的约定仍旧有效。但是该违约金的起算点应当随之变更。买卖合同约定逾期付款违约金,那么买受人不得以出卖人接受价款时未主张逾期付款违约金为由拒绝支付该违约金。买卖合同约定逾期付款违约金,但对账单、还款协议等未涉及逾期付款责任,出卖人可以根据对账单、还款协议等主张欠款时请求买受人依约支付逾期付款违约金。但对账单、还款协议等明确载有本金及逾期付款利息数额或者已经变更买卖合同中关于本金、利息等约定内容的情况下，出卖人不能主张买受人依约支付逾期付款违约金。

买卖合同因违约而解除后，守约方可以主张继续适用违约金条款。买卖合同当事人一方以对方违约为由主张支付违约金，对方可以以合同不成立、合同未生效、合同无效或者不构成违约等为由进行免责抗辩并且主张调整过高的违约金。

在定金的适用问题上，《合同法》第一百一十五条规定："当事人可以依照《担保法》约定一方向对方给付定金作为债权的担保。债务人履行债务后，定金应当抵作价款或者收回。给付定金的一方不履行约定的债务的，无权要求返还定金；收受定金的一方不履行约定的债务的，应当双倍返还定金。"同时根据《担保法》第九十、九十一条的规定，定金应当以书面形式约定，在定金合同中，双方当事人应当约定定金的交付期限，定金合同从实际交付定金之日起生效。定金的数额由当事人自行约定，但是不能超过主合同标的额的百分之二十。

《最高人民法院关于适用〈中华人民共和国担保法〉若干问题的解释》对定金作出了详细的规定。如果当事人约定以交付定金作为订立主合同担保的，给付定金的一方拒绝订立主合同的，无权要求返还定金；收受定金的一方拒绝订立合同的，应当双倍返还定金。如果当事人约定以交付定金作为主合同成立或者生效要件的,给付定金的一方未支付定金,但主合同已经履行或者已经履行主要部分的,不影响主合同的成立或者生效。在定金交付后,交付定金的一方可以按照合同的约定以丧失定金为代价而解除主合同,收受定金的一方可以双倍返还定金为代价而解除主合同。

当事人交付留置金、担保金、保证金、订约金、押金或者订金等,但没有约定定金性质的,当事人不能向人民法院主张定金权利。合同的当事人实际交付的定金数额多于或者少于约定数额,将被视为变更定金合同;收受定金一方可以提出异议并拒绝接受定金,此时定金合同不生效。因当事人一方迟延履行或者其他违约行为,致使合同目的不能实现,可以适用定金罚则。但不能与法律规定或者当事人约定相抵触。当事人一方不完全履行合同的,也可以按照未履行部分所占合同约定内容的比例,适用定金罚则。因不可抗力、意外事件致使主合同不能履行的,不适用定金罚则。因合同关系以外第三人的过错,致使主合同不能履行的,适用定金罚则。受定金处罚的一方当事人,可以依法向第三人追偿。

如果当事人既约定违约金,又约定定金的,一方违约时,对方可以选择适用违约金或者定金条款。

【案例】 人民法院能否依职权主动对违约金的数额进行调整?

案例简介:山西嘉和泰房地产开发有限公司(以下简称"嘉和泰公司")与太原重型机械集团有限公司(以下简称"太重公司")土地使用权转让合同纠纷一案,基本案情如下,2002年3月16日太重公司与嘉和泰公司签订《土地转让协议书》,就太重公司向嘉和泰公司转让太原市某地块土地拆迁补偿事宜进行了明确约定。《土地转让协议书》规定若嘉和泰公司未按约定时间和太重公司支付约定款项,每超过一日按万分之四计息补偿给太重公司。嘉和泰公司在取得土地使用权后,未按约定时间及数额支付土地补偿金。2006年1月16日,太重公司向一审法院起诉,要求嘉和泰公司支付欠款并按合同支付违约金。一审法院在审理时认为,嘉和泰公司没有完全履行付款义务,是基于双方都有过错所致,因此对太重公司主张按照日万分之四计算违约金的请求,不予支持。但由于嘉和泰公司迟延付款的责任显然大过太重公司,其迟延付款的行为客观上给太重公司造成了利息损失。依照《合同法》第一百零七条规定,"当事人一方不履行合同义务或者履行合同义务不符合约定的",属于违约。当事人在合同中约定了利息,嘉和泰公司在履约过程中未支付利息。因此,在此案中利息损失也属违约责任。太重公司虽然未提出利息损失的请求,但提出了违约金请求,因此嘉和泰公司应负担迟延付款的利息。嘉和泰公司不服一审判决,向最高人民法院提出上诉。

最高人民法院查明后认为,双方当事人签订的《土地转让协议书》对于双方当事人具体的权利义务包括嘉和泰公司付款时间、数额及违约责任均作出了明确约定。太重公司及嘉和泰公司都应按照诚实、守信原则,实际履行合同义务。太重公司按约定办了土地出让、转让手续并将涉案地块实际交付给嘉和泰公司。嘉和泰公司应按约定履行付款义务,但嘉和泰公司在取得土地使用权后,未按约定时间及数额支付土地补偿金。嘉和泰公司迟延向太重公司支付土地补偿金是引起本案诉讼的主要原因。因此,嘉和泰公司的行为已构成违约,应按合同约定承担违约责任。一审判决认定嘉和泰公司迟延付款构成违约,但对太重公司的"按照合同约定的日万分之四的比例计算违约金"的请求却未予支持,并将双方当事人按照日万分之四的比例计算违约金的约定调整为按银行利率计算利息。根据《合同法》第一百一十四条规定,人民法院对于当事人在合同中约定的违约金的数额，只有在当事人请求调整，并确实低于或过分高于违约行为给当事人造成的损失时，才能进行调整。一审判决对违约金的调整既违背当事人双方的约定，也缺少法律依据，应予纠正。太重公司关于嘉和泰公司应按合同约定承担违约责任，支付违约金的上诉请求理据充分，应予支持。因为嘉和泰公司最后支付土地补偿金的时间是2005年9月23日，太重公司此前并未要求嘉和泰公司支付违约金。故嘉和泰公司应从2005年9月23日起承担违约责任。最高人民法院遂变更山西省高级人民法院（2006）晋民初字第20号民事判决第一项为：山西嘉和泰房地产开发有限公司于判决生效后三十日内向太原重型机械（集团）有限公司支付土地补偿金人民币1 508.6万元，并从2005年9月23日起按实际迟延付款天数以日万分之四的比例计算违约金支付给太原重型机械集团有限公司直至还清之日止。[1]

知识点：《合同法》第一百一十四条规定："当事人可以

---

[1] 参见《山西嘉和泰房地产开发有限公司与太原重型机械集团有限公司土地使用权转让合同纠纷案》，载《最高人民法院公报》2008年第3期。

约定一方违约时应当根据违约情况向对方支付一定数额的违约金,也可以约定因违约产生的损失赔偿额的计算方法。约定的违约金低于造成的损失的,当事人可以请求人民法院或者仲裁机构予以增加;约定的违约金过分高于造成的损失的,当事人可以请求人民法院或者仲裁机构予以适当减少。当事人就迟延履行约定违约金的,违约方支付违约金后,还应当履行债务。"因此,如果当事人已经约定了违约金的数额、损失赔偿的计算方式,人民法院应当尊重当事人的意思自治。按照不告不理原则的基本要求,在当事人没有请求的情况下,法院不能依职权主动对当事人的违约金数额进行更改。这个案例提示我们,在签订合同时应当注意对违约金的适用、数额、违约赔偿的计算方法进行明确的约定,以防止不必要的纠纷,保护自身的合法权益。同时,对于请求法院更改违约金数额的,当事人应当主动向人民法院或者仲裁机构提出,约定的违约金还应满足过分高于或者低于造成的损失这一条件。

什么是合同履行的不可抗力?发生不可抗力时应注意什么?

答 所谓合同履行的不可抗力,是指因不能预见、不能避免并不能克服的客观情导致合同不能履行。《民法总则》第一百八十条规定:"因不可抗力不能履行民事义务的,不承担民事责任,法律另有规定的,依照其规定。"《合同法》第一百一十七条规定:"因不可抗力不能履行合同的,根据不可抗力的影响,部分或者全部免除责任,但法律另有规定的除外。当事人迟延履行后发生不可抗力的,不能免除责任。"

《合同法》第一百一十八条规定:"当事人一方因不可抗力不能履行合同的,应当及时通知对方,以减轻可能给对方造成的损失,并应当在合理期限内提供证明。"

什么是《合同法》的减损规则?

❷ 减损规则是指当事人一方违约后,对方应当采取适当措施防止损失的扩大;没有采取适当措施致使损失扩大的,不得就扩大的损失要求赔偿。当事人因防止损失扩大而支出的合理费用,由违约方承担。同时,《民法通则》第一百一十四条规定:"当事人一方因另一方违反合同受到损失的,应当及时采取措施防止损失的扩大,没有及时采取措施致使损失扩大的,无权就扩大的损失要求赔偿。"

双方违约、因第三人原因违约和责任竞合时应当承担什么法律责任?

答 双方当事人都违反合同的,应当各自承担相应的责任。

当事人一方在因第三人过错造成违约的,应当向对方承担违约责任。当事人一方和第三人之间的纠纷,应当依照法律规定或者按照约定解决。

当事人一方的违约行为侵害对方人身、财产权益的,这种情况属于责任竞合。受损害方有权选择依照《合同法》要求其承担违约责任或者依照其他法律要求其承担侵权责任,例如按照《侵权责任法》等法律要求对方承担侵权责任。

【案例】 在双务合同中,双方均存在违约情况时如何确定双方当事人的解除权?

案例简介:永昶商贸公司、农垦机电公司在2001年7月18日至2006年12月11日期间,与爱之泰公司先后签订多份《联建合作协议》《联建补充协议》,约定永昶商贸公司、农垦机电公司提供位于兰州市城关区滩尖子489号的5.019亩国有土地使用权，爱之泰公司提供资金，合作开发银垠大厦商住楼。在联建合作协议履行过程中，爱之泰公司不能提供资金导致银垠大厦建设停工。爱之泰公司未能按联建协议的约定向其交付约定房屋，并违法预售房屋，已构成违约。同时该大厦联建至今，永昶商贸公司、农垦机电公司并未给爱之泰公司办理土地过户手续，致使应由爱之泰公司办理的建设工程审批、规划、施工、预售等许可手续至该工程停工时均未办理，导致在建的银垠大厦变成违章建筑，并受到处罚。对于联建项目的报批手续，各方均须履行一定义务，各方均未能提供充分证据证明已履行相应义务，故导致涉案项目规划手续未能有效办理。本案的争议焦点为，合同双方都构成违约的情况下，永昶商贸公司和农垦机电公司对联建协议及补充协议是否享有法定解除权。经审理后，最高人民法院认为，在双务合同中双方均存在违约的情况下，应根据合同义务分配情况、合同履行程度以及各方违约大小等综合考虑合同当事人是否享有解除权。综合全案情况看，爱之泰公司承担了联建项目中的主要工作，并已经履行了大部分合同义务，涉案项目主体工程已经完工。在各方均存在违约的情况下，认定永昶商贸公司和农垦机电公司享有法定解除权，无事实和法律依据，会导致合同双方利益的显著失衡。故,原判决解除合同不妥,应予以纠正。[1]

知识点:《合同法》明确规定,如果双方当事人都违反合同,应各自承担相应的责任。同时,《合同法》第一百一十二条规定:"当事人一方不履行合同义务或者履行合同义务不符合约定的,在履行义务或采取补救措施后,对方还有其他损失的,应当赔偿损失。"因此,合同继续履行并不影响各方要求对方承担违约责任的权利。

合同产生争议时当事人应如何依法解决争议?

答 《合同法》第一百二十八条对合同争议解决进行了规定:"当事人可以通过和解或者调解解决合同争议。当事人不愿和解、调解,或者和解、调解不成的,可以根据仲裁协议向仲裁机构申请仲裁。涉外合同的当事人可以根据仲裁协议向中国仲裁机构或者其他仲裁机构申请仲裁。当事人没有订立仲裁

---

[1] 参见《兰州滩尖子永昶商贸有限责任公司等与爱之泰房地产开发有限公司合作开发房地产合同纠纷案》,载《最高人民法院公报》2015年第5期。

协议或者仲裁协议无效的,可以向人民法院起诉。当事人应当履行发生法律效力的判决、仲裁裁决、调解书;拒不履行的,对方可以请求人民法院执行。"归纳而言,合同争议解决有四种方式:和解、调解、仲裁、诉讼。

(一)和解。和解是由争议各方根据合同订立的目的、合同约定的违约责任和各方实际情况,自行协商而不需通过司法程序解决纠纷的方式。和解是纠纷常见的解决方式,效率最高,但是与之对应的就是约束力与强制力也最弱。

(二)调解。调解是由争议各方选择信任的第三方居中,就合同争议进行调解处理的制度。调解通常是以各方互谅互让为原则进行。此方法解决纠纷的可能性较和解大一些,但调解协议与和解协议一样不具有强制性效力。

(三)仲裁。仲裁指争议各方根据合同中的仲裁条款或者纠纷发生以后达成的仲裁协议,将争议提交至法定的仲裁机构,由仲裁机构依据仲裁规则依法作出裁定的纠纷解决方式。当事人不愿和解、调解或者和解、调解不成的,可以根据仲裁协议向仲裁机构申请仲裁,并可根据生效的仲裁协议申请强制执行。

(四)诉讼。诉讼是解决合同争议的最后方式。是指人民法院根据争议双方的请求、事实和法律,依法作出裁判,借此解决争议的方式。当事人没有订立仲裁协议或者仲裁协议无效的,可以向人民法院起诉。

值得注意的是,涉外合同中,如果就法律适用发生争议,涉外合同的当事人可以选择处理合同争议所适用的法律,但法律另有规定的除外。涉外合同的当事人没有选择的,适用与合同有最密切联系的国家的法律。在中华人民共和国境内履行的中外合资经营企业合同、中外合作经营企业合同、中外合作勘探开发自然资源合同,适用中华人民共和国法律。

第二部分
技术合同法律知识

Part Two

Legal Knowledge of Technology Contract

第一章 技术合同的一般规定

什么是技术合同?

❷ 技术合同不是单一类型的合同,而是一个集合性的概念,内容十分丰富,是多种具体合同类型的集合体。《合同法》第三百二十二条给出了技术合同的定义:指当事人就技术开发、转让、咨询或者服务订立的确立相互之间权利和义务的合同。技术合同不是传统的有名合同类型,而是随着近代科学技术和技术商品化的发展而出现的一种合同类型。

一般来说,可以从以下几方面来理解技术合同。

第一,技术合同是有关民事权利和义务关系的协议。技术合同的民事法律关系主要是指因科技成果和知识产权产生的经济权利和精神权利关系。

第二,技术合同是双务有偿合同。在技术合同中,当事人双方互负对价义务,一方当事人从对方取得利益的,须向对方支付相应的对价,故为双务有偿合同。

第三,技术合同中法律调整的多样化。技术合同不仅反映着技术成果在研发、交换领域的债权关系,因而受民法关于债与合同的一般规范,其基于技术的开发、转让、服务或咨询而产生的权利关系还受知识产权法律的调整,例如涉及技术权益的归属、技术风险的承担、技术专利权的获得、技术产品的商业标记等,受《专利法》《商标法》《商业秘密法》《反不正当竞争法》《著作权法》等法律的调整。

第四,技术合同的一方当事人具有技术能力。所谓技术能力,是指具有利用自己的技术力量从事技术开发、技术转让、技术咨询和服务的能力。

【案例】 当事人意思表示一致达成的合同构成有效技术合同

案例简介:2010年8月,A公司委托B公司为其开发网站平台。双方于同年9月9日签订《XX网站平台软件定制协议》,协议约定总金额11万元,协议签订之日,A公司支付3万元,网站制作完成,A公司验收合格后24小时内,B公司为其开通网站上传相关设置,剩余8万元在网站上传开通后,15日内一次性付清。2010年12月4日,经A公司确认软件开发完成，但A公司未在规定时间内支付余款8万元给B公司。故B公司诉至法院，请求法院判令被告A公司支付8万元合同余款。被告A公司辩称：该合同有效期的时间早于公司成立时间，不认可涉案协议的有效性。涉案软件是A公司原法定代表人刘某找个人开发，仅通过B公司与A公司签订合同，软件不是B公司开发的，B公司提交的协议最后手写的部分不是A公司写的，A公司仅认可协议中"仅作财务结算用途"这句话，其他的是B公司写的，A公司并不认可。A公司认为双方没有实际合同关系。[1]

知识点：当事人之间自由意思表示达成的合意构成合同，依法成立的合同受法律保护，对当事人具有法律约束力，当事人应当依照约定履行自己的义务，不得擅自变更或解除合同。此案中的合同依据合同的性质、标的和内容，可以判定出该合同属于技术合同。A公司以独立法人主体身份通过其自由意志签订的合同应属有效，合同有效期的长短并不影响合同的有效性。因此，法院支持了B公司要求A公司支付合同尾款的诉讼请求。

---

[1] 参见北京市海淀区人民法院（2011）海民初字第15329号民事判决书。

技术合同有哪几种类型？

答 技术合同是多种类型合同的总称，根据《合同法》第十八章规定，技术合同可以分为技术开发合同、技术转让合同、技术咨询合同和技术服务合同四类。下面逐一对其进行简单介绍。

技术开发合同是当事人就技术的研究开发达成的权利与义务的协议。第一，约定开发的是一个技术成果；第二，该技术是技术合同当事人尚未掌握，准备研究开发的。

技术转让合同是当事人就已有的特定的知识产权化的技术成果的转移达成的协议关系。第一，是一个完整的技术成果。可以是全局或局部的，还可以是阶段性的，但应当是一个完整的技术方案。第二，订立技术合同时是已经存在的专利或技术秘密成果。第三，当事人之间存在涉及专利或者技术秘密成果权证的技术合同关系。总之，技术转让合同是当事人约定专利权或者技术咨询合同。

技术咨询合同是当事人之间为科学论证提供决策参考依据所订立的合同。第一，合同约定内容是对技术项目分析、论证、评价、评估、调查和预测的报告或建议。第二，该报告或建议应当具有合同约定的技术水平和相应的参考价值。因为履行技术咨询合同的约定结果属于软科学研究范畴，委托方提供的可以是一个或几个方案，也可以是倾向性建议或基本结论。

技术服务合同是当事人一方通过自己专业技术工作的知识、经验、信息解决另一方生产实践中的特定技术问题，包括通过专业技术培训、技术中介服务等特殊的社会服务实现预期的技术目的。就一般技术服务合同内容而言，是约定解决实际技术问题的具体办法，但不涉及专利权、专利实施权、技术秘密成果使用权及转让权的转移。

以上是技术合同的基本类型。在实践中当事人基于自己的需要可能将几个不同类型的技术合同合并为一个合同，如将买卖合同、承揽合同、劳务合同等结合在一起，这称为复合型的技术合同或者混合型的技术合同。对于混合型的技术合同应注意分别适用不同的合同法律规范。

与其他合同相比，技术合同有哪些特征？

❷ 与一般合同相比，技术合同的主要特征表现在以下几个方面。

（一）标的的特殊性。关于技术合同的标的，认识不尽相同。主要有：技术成果行为说，认为技术合同的标的为提供技术成果的行为；提供技术的行为说，认为技术合同的标的既包括提供现存技术成果，也包括对尚未存在的技术进行开发及提供与技术有关的辅助性帮助等行为；技术说，认为技术合同是以技术为标的的合同；技术成果说，认为技术合同的标的为技术成果，所谓技术成果应当是一种技术方案，不包含技术内容的其他劳动成果不能够成为技术合同的内容。虽然学说各有不同，但这些学说都认为技术合同应当围绕技术来进行界定。正是鉴于技术合同在内容上围绕技术展开的特征，才决定了技术合同的标的具有特殊性。

上述观点均有一定道理，相比较而言，技术成果应成为通说。主要原因在于，一方面典型的技术合同都需要以技术成果为依托来规范当事人的行为，如技术的开发、转让等都需要以特定的技术成果为内容。如果没有具体的技术成果的描述，而只是泛泛约定转让或开发技术，则合同的标的就不具有特定性和确定性。但如果仅是将"技术"作为此种合同的标的，则过于抽象。另一方面，技术合同本身是为了实现技术成果的商品化和市场化而产生的，其所规范的最终是技术成果的开发、转让等关系。[1]因此,《合同法》关于技术合同的规则也主要围绕技术成果来展开。例如,关于技术成果的产生、归属、开发和利用等,都构成了技术合同的主要内容。所以技术合同的标的是技术成果,而不是技术。当然,在技术服务合同、技术咨询合同中,不一定以具体的技术成果为标的,但这些合同不是技术合同的主要类型。

(二)主体的特殊性。技术合同的主体没有特别的限制,涉及技术开发、技术转让、技术服务或咨询等内容,合同一方或双方当事人必须具有一定专业技术或技能,因此在实践中,技术合同的主体一般都是科研机关或科研人员,可能是自然人、法人,也可能是其他组织。随着技术市场的开放与发展,技术合同的主体也出现扩张和多元化趋势。

(三)内容的多样性。技术合同是围绕技术从研发到应用的全过程而展开的,因而技术合同的内容具有多样性,可以针对技术产生和运用中的每一个阶段来进行。依据合同标的的不同,技术合同可分为技术开发合同、技术转让

---

[1] 王利明:《合同法研究(第三卷)》,中国人民大学出版社2015年版,第550页。

合同、技术咨询合同及技术服务合同。由此表明,技术合同不是一种单一类型的合同,而是具有多样性内容的合同。在技术合同项下,可以细分为多种类型,随着科技的发展和社会的进步,还会出现新的技术运用、研发方式,这些都可以纳入技术合同的范畴之中,从而使得技术合同的内容具有包容性。

(四)履行的复杂性。技术合同的类型多样,各种类型的技术合同的履行方式和内容各不相同。有的需要提交技术研发成果,有的需要提供咨询或改进建议,还有的只需要授权他人在一定期限或一定范围内利用技术成果。此外,技术合同的履行环节较多、履行期限较长,价款、报酬或使用费的计算方式较为复杂,在某些类型的技术合同中,合同能否履行具有很强的风险性。例如,在技术开发合同中,当事人约定的是新技术、新产品、新工艺或者新材料及其系统的开发研究,就此种开发研究而言,是否能够开发成功,具有极大的不确定性和风险性,因此受托人能否顺利履行合同、实现合同目的,也不完全受当事人的控制,而要受制于很多客观因素甚至偶然因素的影响,故《合同法》第三百三十八条针对技术开发合同履行中的风险负担给出了专门规定。此外,技术合同在履行过程中,还可能涉及多种法律关系。例如，技术合同履行过程中产生的新技术成果或后续改进的技术成果的归属和保护，就涉及《合同法》《专利法》及《反不正当竞争法》等多部法律，法律关系较为复杂。

技术合同的主体包括哪些？

答 技术合同的主体，是指依据技术合同享有权利、承担义务的人。与其他合同的主体一样，技术合同的主体具有广泛性。

（一）自然人。"自然人"是相对于"法人"的法律概念。自然人是在自然状态下出生的人，在我国，公民在民事法律地位上和自然人同义。

确认自然人作为技术合同主体的合法资格，符合我国法律的基本精神和科技工作的实际需要。《宪法》规定，公民有从事科学研究的权利。《民法总则》第十三条规定，自然人从出生时起到死亡时止，具有民事权利能力，依法享有民事权利，承担民事义务。改革科技体制以来，我国放宽科技人员政策，放活科技人员管理，允许科技人员在做好本职工作和不侵犯本单位的技术权益、经济利益的前提下业余兼职从事科技工作，鼓励离休、退休专业技术人员继续发挥作用。自然人作为技术合同的合法主体，有利于发明人将科技成果转让或转化为生产力，给社会和经济带来全面的发展。

在我国技术市场，自然人不受其职务、职位、职业、年龄等限制，只要具备履行技术合同的能力，都可以签订技术合同。

自然人作为技术合同主体一般包括以下几种情况。

1. 从事个体科技劳动的自然人订立的技术合同。

2. 科技人员业余兼职过程中订立的技术合同。

3. 非职务技术发明创造的技术成果。发明者为他人提供涉及技术权益的技术成果或者技术咨询服务而订立的技术合同。

4. 离退休的专业技术人员订立的技术合同。离退休的专业技术人员也可以作为一方当事人订立技术合同。这样可以调动和发挥这支专业技术队伍的积极作用，也符合国家一贯提倡的尊重知识、尊重人才的方针，有利于弥补我国专业技术力量的不足。

5. 个体户订立的技术合同。个体户是我国目前个体经济的一种主要存在形式，是以家庭全体有劳动能力的成员或者个人的财产及劳动力从事生产经营活动的单位。在我国的经济生活中，出现了越来越多专门从事技术开发、技术转让、技术咨询及技术服务活动的"个体科技户"。个体科技户作为自然人这种民事法律关系主体的特殊形式，在责任承担上凡是个人经营的，就应当以经营者个人所有的财产来承担；凡是家庭经营的，就应当以成员共同所有的财产来承担。

6. 外国人、无国籍人订立的技术合同。外国人，一般是指处在一国境内但不具有该国国籍的人。对于无国籍人，各国一般都以外国人对待。外国人的民事地位一般有国民待遇、最惠国待遇、非歧视待遇、优惠待遇、普遍优惠待遇几种。我国目前采取的是国民待遇原则，但有若干限制。外国人在中国享有知识产权，并可依照《合同法》签订技术合同。根据我国《专利法》《商标法》《著作权法》《发明奖励条例》的有关规定，外国人可向中国政府主管机关申请发明专利、商标注册、著作与创作方面的权利，申请被批准后，该专利权、商标权、著作权归外国的申请者所有。

另外，《最高人民法院关于审理技术合同纠纷案件适用法律若干问题的解释》第七条规定：不具有民事主体资格的科研组织订立的技术合同，经法人或者其他组织授权或者认可的，视为法人或者其他组织订立的合同，由法人或者其他组织承担责任；未经法人或者其他组织授权或者认可的，由该科研组织成员共同承担责任，但法人或者其他组织因该合同受益的，应当在其受益的范围内承担相应责任。前款所称不具有民事主体资格的科研组织，包括法人或者其他组织设立的从事技术研究开发、转让等活动的课题组、工作室等。

（二）法人。法人之间订立的技术合同是我国技术合同关系的主要组成部分。在有自然人参与的技术合同关系中，另一方当事人通常是享有法人资格的企业、事业单位。

法人是一个法律上的概念。它是社会组织在法律上的人格化，即在法律上具有人格的社会组织。但并非一切社会组织都是法人。社会组织成为法人，取得独立民事主体的资格，除依法成立外，还必须具有如下要件：依法成立；有必要的财产和经费；有自己的名称、组织机构和场所；能够独立承担民事责任。

我国的法人分为营利法人、非营利法人和特别法人。营利法人包括有限责任公司、股份有限公司和其他企业法人等；非营利法人包括事业单位、社会团体、基金会、社会服务机构等；特别法人是指机关法人、农村集体经济组织法人、城镇农村的合作经济组织法人、基层群众性自治组织法人。对于一方和双方为国家机关法人的技术合同，只有国家机关作为平等民事权利主体以法人身份参加到合同中来时，才属于技术合同。法人之间订立技术合同是我国技术合同关系的主要组成部分。

（三）其他组织。其他组织是指合法成立、有一定的组织机构和财产，但又不具备法人资格的组织。具体包括个人独资企业、合伙企业、中外合作经营企业、外资企业、社会团体的分支机构或代表机构、法人的分支机构、银行和非银行金融机构的分支机构、乡镇企业、街道企业等组织。其他组织也可以作为当事人订立技术合同，并作为该技术合同的主体参加诉讼等民事活动。

什么是技术合同的客体？其具有哪些特殊性？

答 技术合同的客体，指技术合同当事人权利义务共同指向的对象。技术合同的客体以技术、知识商品、信息化载体为表现，其主要存在形式就是技术。从本质上讲，技术合同的客体是知识形态和技术密集型的商品与服务，即技术。一般来说，技术可以划分为专利技术、专有技术和公有技术三类。专利技术是指依《专利法》的规定授予专利权的发明创造，包括发明、实用新型和外观设计；专有技术又称为"技术秘密""技术诀窍"，属于非专利技术，但具有秘密性和实用性；公有技术则是指除受《专利法》保护的专利技术和以保密方式存在的技术秘密以外的，已丧失新颖性并可能以各种方式为公众所知晓的技术成果。

对于一份技术合同来说，当事人的权利义务都是因其客体而产生的，而技术合同与其他类型合同的本质区别也在于客体的不同。技术合同的权利、义务关系主要不是围绕财产所有权和与财产所有权有关的财产权利的分配，而是对知识产权和技术权益的享有、使用和由此产生的利益如何分配问题，这是技术合同与包含一定技术内容条款的购销合同、加工承揽合同的重要区别。

技术合同客体的特殊性主要表现在以下几个方面。

（一）知识性与实用性技术不同于一般知识。技术作为技术合同的客体，是人类创造性劳动的产物，是知识、经验和智慧的结晶，并且它还可以应用于生产实践。由于技术的价值取决于其付诸实施所产生的经济效益和社会效益，因而成本与价值不一定成正比。

（二）技术的无形与载体的有形。技术作为一种知识存在于人的头脑之中，可以脱离物质实体而独立存在，即以技术拥有者的经验、知识、技能而存在，是一种无形的财产。但是技术又必须依附于一定的载体才能表现出来，才能得以传播，如各种设计文件图纸、磁带、磁盘、动植物品种、样品、成套设备等。

（三）多次开发与价值多次实现。技术的开发只需一次性劳动，不存在物质形态商品周期性生产问题。这与普通的商品是不一样的，普通的商品总是在不断的周期性生产中产生；技术的开发虽一次性就可完成，但其价值却可以得到多次实现。技术所包含的价值不是一次就可以消耗掉的，可以多次使用和转让。

（四）技术占有的多元性。技术上存在的权利和财产所有权有所不同，财产所有权是指财产所有人对财产的占有、使用、处分和收益的权利。除财产共有的情况外，一物绝无二主，但一项技术则可以为多个主体共同掌握和利用。因此，对技术的"所有"，只意味着掌握了这种知识并取得了合法的使用和转让的权利。另外，对物质商品的处分，往往发生主体和客体的分离，而对技术的处分，则不发生主体与客体相分离的情况。

技术合同中通常包括哪些条款？

❷ 按照合同自由原则，技术合同的内容应当由当事人具体约定，法律很难限定哪些条款必须作为合同的内容，但是法律可以根据技术合同一般具有的条款来作出倡导性的规定。《合同法》第三百二十四条对技术合同的一般条款作出了规定，该条所规定的技术合同条款仅具有指导性作用，旨在为技术合同的签订提供参考，但并不要求合同必须全部具备这些条款。

技术合同一般应包括以下条款。

（一）项目名称。因为技术合同具有集合性，并不是所有的技术合同都具有技术合同所能包含的全部内容，往往只是集中于某一方面，例如，集中于技术的开发、转让等方面。技术合同应当用简明、规范的专业技术术语对合同项目的名称进行明确，力求反映其技术特征和法律特征。在技术合同中，明确项目名称对于确定合同纠纷的解决规则有着重要作用。

（二）标的的内容、范围和要求。在技术合同中，不同的标的将导致其所面临风险和适用的法律规则不同，当事人之间的权利义务关系也有差异，因此在技术合同中，应根据不同的技术合同类型，就合同标的的内容、范围和标的要求进行约定。

（三）履行的计划、进度、期限、地点、地域和方式。无论是技术开发合同、技术转让合同，还是技术服务合同或技术咨询合同，都存在当事人如何履行的问题。例如，在技术开发合同中，具体的履行内容包括技术开发经费的支付，技术资料和原始数据的提供，开发失败的风险约定，研究开发的进度、期限和技术成果的交付等。在专利实施许可合同中，具体的履行内容则包括实施许可的专利名称、内容、专利号，实施许可的期限、地域以及方式（如独占实施许可、排他实施许可或普通实施许可）等确定履行的计划、进度、期限、地点、地域和方式，不仅有利于技术合同的正确履行，也有利于确立双方当事人的责任。

（四）技术情报和资料的保密。技术情报和资料的保密是技术合同的重要条款，这是由技术合同的性质及其特殊的标的所决定的。除专利技术外,技术合同的标的一般都是不对外公开的,一旦公开,其经济价值就可能大大降低。因此技术合同的保密条款是十分重要的。当事人应当对需要保密的技术情报和资料的事项、范围、期限、责任等作出具体的约定。

(五)风险责任的承担。在技术合同的履行过程中,合同所约定的内容可能因某种无法克服的技术困难而不能完全实现,甚至根本无法实现,因而技术合同的履行往往伴随着一定的风险。这就需要当事人就风险责任的承担进行约定,从而有利于开发人大胆地进行研究开发和实验,促进技术的革新,同时也有利于避免争议的发生。

(六)技术成果的归属和收益的分成办法。在技术开发合同中,研究开发人按照合同约定,依照研究开发计划,最后一般会形成特定的技术成果。在技术转让合同、技术咨询或服务合同中,受托人也有可能利用现有的技术成果,并借助委托人提供的技术资料和工作条件等形成新的技术成果,这就是通常所说的后续改进,在后续改进的基础上也会形成新的技术成果。对于这一部分的技术成果应当在技术合同中予以明确约定,避免后续的归属和收益分成的纠纷。

（七）验收标准和方法。验收标准和方法是确定当事人是否依据合同约定履行义务的依据。研究开发人验收标准既可由双方当事人直接约定按照国家规定的标准进行，也可以由双方直接约定具体标准，验收方法是多种多样的。

（八）价款、报酬或者使用费及其支付方式。对于技术合同的价款、报酬或者使用费及其支付方式，特别是支付方式，这些条款一般均由合同当事人协商选择或确定，这是技术合同的核心条款之一，也是较容易产生纠纷的条款。

（九）违约金或者损害赔偿的计算方法。违约金或损害赔偿的计算方法的约定，有利于确定当事人的违约责任，也可以间接地促使当事人如约履行其义务。依照《合同法》总则的规定，当事人可以约定一方违约时应当根据违约情况向对方支付一定数额的违约金，也可以约定因违约产生的损害赔偿额的计算方法。

（十）解决争议的方法。当事人可以就合同履行过程所出现的争议的解决方法进行约定，如提起仲裁或提起诉讼。在当事人就解决争议的方法已有约定的情况下，应按照当事人的约定。在合同订立时，对解决争议的方法预先进行约定也有利于解决将来可能发生的争议。

（十一）名词和术语的解释。技术合同的内容具有很强的专业性，对其中的专业名词和数据进行解释，既有利于当事人明确自身所应承担的义务，也可以为日后可能出现的争议提供参照标准。

此外，根据《合同法》第三百二十四条规定，当事人还可以约定将与履行合同有关的技术背景资料、可行性论证和技术评价报告、项目任务书和计划书、技术标准、技术规范、原始设计和工艺文件，以及其他技术文档作为合同的组成部分。

技术合同的议价原则是什么？

答 技术没有统一的市场价格，也不能由国家根据经济理论和价格政策定价。技术合同的价款、报酬和使用费只能建立在当事人自由协商、逐项定价的基础上。

正是基于技术价值与价格的特殊属性，《合同法》第三百二十五条规定："技术合同价款、报酬或者使用费的支付方式由当事人约定。"当事人协商议价原则正是市场机制在技术交易的市场价格上的体现。根据我国技术市场多年实践，技术合同的价款、报酬和使用费,应由当事人根据技术成果的经济效益和社会效益、研究开发的成本、技术成果的工业化程度、当事人享有的权益和承担的责任等因素协商议定。这些议定技术合同价款、报酬和使用费所要考虑的因素,同时为仲裁机构和司法审判机关在判定技术合同价款、报酬和使用费是否显失公平时,提供了参考依据。

技术合同的定价依据是什么?

答 对于技术合同的价款、报酬和使用费,当事人没有约定或约定不明确的,依据《最高人民法院关于审理技术合同纠纷案件适用法律若干问题的解释》第十四条的规定处理。

首先,对于技术开发合同和技术转让合同,应根据有关技术成果的研究开发成本、先进性、实施转化和应用的程度,以确定当事人享有的权益和责任,以及技术成果的经济效益。其中,技术成果的研究成本和先进性是两个应当重点考虑的因素。所谓研究成本,是指研究该技术成果过程中所投入的人力、物力等成本。所谓先进性,其实相当于《专利法》中的创造性高度。在技术开发合同中,研究成本是合同价款最基本的构成要素，应当予以优先考虑，而在技术转让合同中，一项技术的价值高低主要取决于其与同类技术相比所具有的先进性。

其次，对于技术咨询合同和技术服务合同，根据有关咨询服务工作的技术含量、质量和数量，以及已经产生和预期产生的经济效益等合理确定。这些考虑因素在前后顺序上的表述体现各自不同的重要性，应重点考虑技术含量因素。

此外，根据该条规定，技术合同价款、报酬、使用费中包含非技术性款项的，应当分项计算。这主要是由技术合同所具有的技术性所决定的，合同一方当事人所支付的价款、报酬和使用费主要是作为技术成果和技术投入的对价而存在的。

技术合同中的价款、报酬和使用费的支付方式有哪几种？

答 当事人可以约定具体的支付方式，一般来说，支付方式主要有定额支付及提成支付。

（一）定额支付。定额支付是指一次总算、一次总付或一次总算、分期支付。这两种方式的主要区别在于,在一次性将所有的价款、报酬或使用费算清之后,是一次总付还是分期支付。所谓分期支付,是指当事人按照合同约定将总的价款、报酬或者使用费分为多期、多批次而进行支付。这与实物形态商品交易的支付方式类似,在合同中明确地约定总价款,该价款除了技术商品自身的价格外,通常还包含技术指导、人员培训等技术服务报酬。以技术转让合同为例,定额支付的方式一般适用于合同金额小、执行期间短、被转让技术不太复杂的情况。

(二)提成支付。根据《合同法》第三百二十五条规定,当事人也可以采取提成支付或者提成支付附加预付入门费的方式。提成支付可以分为单纯提成支付和提成支付附加预付入门费,是指将技术实施以后所产生的经济效益按一定的比例提取部分收入交付另一方作为技术合同的价款、报酬或使用费的方式。目前,在国内技术产品交易活动中,提成支付附加预付入门费是应用最为广泛的一种方式。约定提成支付的,可以按照产品价格、实施专利和使用技术秘密后新增的产值、利润或者产品销售额的一定比例提成,也可以按照约定的其他方式计算。提成支付的比例可以采取固定比例、逐年递增比例或者逐年递减比例。

【案例】广东阳江制药厂有限公司与北京中西经纬释药技术有限公司技术转让合同纠纷上诉案

案例简介：2001年7月25日，北京中西经纬释药技术有限公司（乙方，原名为北京中西伟业医药技术有限公司）与广东阳江制药厂有限公司（甲方）签订了《某技术转让合同》，约定总转让费为70万元，分四次支付：① 乙方向甲方交付全部试验资料及样品后一周内，甲方向乙方支付10万元；② 通过省药监局预审后一周内支付15万元；③ 甲方取得新药证书及生产批文后一周内支付30万元；④ 生产出三批合格样品后付剩余15万元。之后，甲、乙双方就上述合同签订了补充合同约定：如在乙方交付给甲方申报的技术文件或甲方未支付给乙方第一笔转让费之前，任意一方提出终止执行合同，则视同违约，提出终止执行合同的一方应支付总价款5%的违约金。之后，乙方收到10万元、15万元两笔转让费。2005年4月8日，甲方法定代表人刘某支付了现金3万元给乙方。同日，刘某向乙方出具一份还款计划，但甲方未按还款计划付款，乙方起诉。那么,甲方应否向乙方履行支付第三、第四期转让费的合同义务?[1]

知识点:对于甲方承担的付款义务,乙方和甲方在技术合同以及补充合同均进行了约定,上述合同是双方当事人的真实意思表示,内容不违反法律、行政法规的强制性规定,是合法有效的合同,双方当事人均应遵守并履行合同约定的义务。刘某出具的书面还款计划是对上述合同付款条款的补充和变更,亦为甲方的真实意思表示,双方当事人有权对技术合同的价款、报酬和使用费及其支付方式进行约定。甲方应向乙方履行支付第三、第四期转让费的合同义务。

合同双方当事人在订立技术合同时能否协商确定免责条件?

答 合同双方当事人在订立技术合同时可以协商确定免责条件。双方当事人可以约定免责,这是指在订立合同时协商确

---

[1] 参见广东省高级人民法院(2011)粤高法民三终字第174号民事判决书。文字有删节。

定免责的条件并将其作为合同条款加以约定的情形。免责条款作为合同的组成部分,应是双方当事人协商一致的结果。对于法定免责条款,虽然当事人也可以在合同中加以约定,但这种约定只起到提示或细化的作用,并非不约定就不能产生效力。而约定免责则不同,它是除了法律的强行性规定之外的涉及当事人切身利害关系的条款,无约定,则不产生效力;即使约定了,如果该约定无效,也不产生效力。因此该约定应以书面形式明确加以确定,以免发生约定免责的情形而在当事人之间产生争议。

需要注意的是,技术合同中免责条款的约定并非完全由当事人自由作出,其意志要受到一定的限制。《合同法》第五十三条规定:"合同中的下列免责条款无效:(一)造成对方人身伤害的;(二)因故意或者重大过失造成对方财产损失的。"因此,对于上述两种情形,当事人不得在免责条款中加以约定,即使约定了,也属无效条款,对双方当事人不产生法律上的拘束力。

当事人之间免责条款的适用经常出现在格式合同中。由于格式条款是由条款制作人事先拟就的,故经常发生免除条款制作人的责任而加重对方责任的情形。对此,法律规定,条款制作人有提示对方注意的义务,并应按照对方的要求,对该条款予以说明;如果条款制作人未尽提示义务,则免责条款对对方当事人不产生效力。如果免责条款系采取欺诈、胁迫,或乘人之危的方式签订的,或该条款违反国家或社会公共利益,则其应属于无效条款,亦可由受害方申请撤销。

与法人的内部机构订立的技术合同是否有效?

答 在技术产品的交易活动中,经常会出现企业法人下属部门对外签订技术合同的情况。法人的内部机构通常使用部门章签约,如某某工程部用章、某某采购部用章等。由于合同订立主体的资质不明,此类技术合同的效力争议时有发生,科技工作者因此遭受经济损失的案例屡见不鲜。基于此,科技工作者订约之初应首先明确合同相对方的主体资质。《合同法》第二条规定:"合同是平等主体的自然人、法人、其他组织之间设立、变更、终止民事权利义务关系的协议。"此处的"合同"仅指生活中大量存在的平等主体之间的民商事合同,不包含行政合同。因而,有权签订合同的主体只有三类,即自然人、法人与其他组织。这三类主体在订约时"适格"与否的主要判断标准为《合同法》第九条之规定,当事人订立合同,应当具有相应的民事权利能力和民事行为能力。当事人依法可以委托代理人订立合同。又根据《民法总则》第三、四章的规定,适格的法人是指依法成立且未终止的,有自己的名称、组织机构、住所、财产或者经费的组织;适格的非法人组织是指依法成立的,虽然不具有法人资格,但是能够依法以自己的名义从事民事活动、且未终止的组织,包括个人独资企业、合伙企业、不具有法人资格的专业服务机构等。

当法人作为合同相对方与科技工作者订约时,科技工作者应着重审核其营业执照或其他法人证书,确认法人名称与合同主体名称是否一致、营业期限或有效期是否届满,还可通过各级政府的市场监督管理部门、国家企业信用信息公示系统等网站查询法人的经营现状。法人的签约人一般是该法人单位的法定代表人,通过查验营业执照与法定代表人的身份证即可完成核验;若签约人不是法人的法定代表人,应查验其是否具有法人单位或法定代表人的授权委托书,并核实授权范围、代理权限,还要确认加盖的公章是否为法人单位的公章或其合同专用章。公司内部的职能机构(如项目部、财务部等)不具备法人资格,贸然与其签订技术合同将引发难以确定合同的实际履行主体等问题。

当非法人组织作为合同相对方与科技工作者订约时,科技工作者应着重查验非法人组织的营业执照或登记证明,确认其是否已在国家有关部门进行过登记。非法人组织的签约人一般是该非法人组织的负责人。科技工作者可通过查验营业执照与负责人的身份证进行核实。若签约人不是该组织的负责人,则应查验其是否具有非法人组织或负责人的授权委托书,并核实授权范围与代理权限,还要确认加盖的公章是否为组织公章或其合同专用章。

综上可见,签订技术合同须严格核查合同相对方的主体资格与签约人的订约权限。尤应注意审查交易方的印信公章,避免与企业法人的分支机构、内部职能机构、业务经办人或其他非法定代表人的工作人员签订技术合同,若与前述主体订约,应要求提交公司及法定代表人授权委托手续并在授权委托手续中载明权限,合同用印应为企业公章或合同专用章。

技术合同的法律拘束力从何体现?

❷ 合同的法律拘束力,是指依法成立受法律保护的合

同,对合同当事人产生的约束其必须履行合同义务,不得擅自变更或解除合同的法律效力。

合同是民事主体合意的产物,其本身并不当然具有法律拘束力,只有当这种合意得到了法律的肯定性评价,符合了法律规定的条件,合同才会产生法律拘束力。[1]技术合同自不例外。

具体来说,技术合同的法律拘束力体现为以下四个方面。

第一,技术合同依法成立并生效后,双方当事人不得随意变更或解除。

第二,签订合同的双方当事人必须依照合同的约定,以积极的态度和自觉的行为行使或履行合同设定的权利义务。这是技术合同最为主要也最为基本的法律拘束力。这一效力的存在将提醒当事人事前慎重订约,事后认真履约,严格按照合同条款行事。

第三,当事人一方或双方均不履行合同或不全面履行合同时,违约者应承担法律责任。

第四,因技术合同引发民事纠纷时,当事人可以请求仲

---

[1] 黄彤主编:《合同法》,浙江大学出版社2013年版,第57页。

裁机构或人民法院对该项纠纷进行仲裁或审判。

【案例】 哈尔滨普华煤燃烧技术开发中心诉华效有限公司技术合同纠纷案

案例简介：2001年4月，为了推广普华公司的涉案专利技术，哈尔滨普华煤燃烧技术开发中心（以下简称"普华中心"）与华效资源有限公司（以下简称"华效公司"）签订《合作经营协议书》，约定以华效公司的名义经营项目工程，普华中心作为技术负责单位，共同对外开展业务，有效期3年。2003年1月，华效公司向普华中心支付8万元技术服务费。2004年3月，普华中心与华效公司签订《技术服务合同》，约定：华效公司承担项目实施工作，双方进行技术合作，华效公司有权使用本合同中的技术成果标的物——"中低温余热蒸汽/热水闪蒸复合发电装置"，普华中心提供相关的技术服务。合同总价260万元，由华效公司分五期向普华中心支付。技术合同签订后，普华中心根据华效公司提交的参数制定了6套《设计方案》供对方择优评审选用。最终，专家评审会决议选择《设计方案》（一）。不久，华效公司向普华中心支付了98万元合同款。该方案安装实施后，装置的性能未达普华中心承诺的水平，普华中心也未提供相应后续技术咨询服务，故华效公司拒绝按合同约定向其支付余款。此案遂诉至法院。

一审法院认为，双方签订的技术合同合法有效。普华中心是在给定的参数条件下设计技术方案的。尽管《设计方案》（一）的运行效果未能达到设计预期，但主要责任在于华效公司提供的参数不准确，普华中心对此不应承担责任。同时，普华中心对其制定的6套《设计方案》均未详细阐述或分析其中利弊，可能误导了专家组对方案的评审和筛选。因此，根据公平原则，本案中的普华中心和华效公司应分担相应损失与责任，普华中心主张华效公司支付尚欠的技术服务费162万元应予支持，但其主张的违约金100万元不予支持。

一审判决作出后，原被告双方均表示不服，此案上诉至二审法院。二审法院审理后认为，从普华中心与华效公司签订的《技术服务合同》《合作经营协议书》等多个协议及其实际合作关系来看，普华中心主要负责技术工作，华效公司主要负责市场推广工作，故作为技术提供方的普华中心对《设计方案》（一）的实施未达设计预期效果应承担相应责任。一审法院有关《设计方案》(一)实施失败的主要责任在于华效公司给定的参数不准确,普华中心对此不承担责任的认定依据不足。故改判如下:华效公司应向普华中心支付合同总价款的一半,由于华效公司先前已向普华中心实际支付了98万元的合同价款,现仍需支付的价款数额为32万元。[1]

知识点:普华中心与华效公司签订的技术合同属于技术服务合同,系双方真实意思表示,且未违反国家法律法规的规定,故应属合法有效的合同,双方当事人均应严格履行,此乃合同的拘束力。根据《合同法》第三百五十六条规定,所谓技术服务合同,是指当事人一方以技术知识为另一方解决特定技术问题所订立的合同。技术服务合同不包括建设工程合同和承揽合同。依本案中《技术服务合同》的约定,华效公司应及时准确地向普华中心提供各项参数。由于参数不准确,必然影响到设计方案的具体实施效果,而普华中心又是技术的提供方,方案设计上的重大瑕疵亦会导致合同目的

---

[1] 参见北京市第一中级人民法院(2008)一中民初字第6203号民事判决书、北京市高级人民法院(2010)高民终字第1757号民事判决书。

落空,故《设计方案》(一)的实施失败,普华中心与华效公司应共同承担责任。

由于现有证据无法证明《设计方案》(一)的实施未达预期目标的真实原因,故应当秉承民法公平正义之法律精神,判定双方当事人对合同目的未最终完全实现负有同等法律责任,即判定华效公司应向普华中心支付合同总价款的一半。

《合同法》对技术合同的无效情形做了怎样的特殊规定?

答《合同法》第三百二十九条规定,非法垄断技术、妨碍技术进步或者侵害他人技术成果的技术合同无效。这是《合同法》关于技术合同无效的特殊规定。

"科学技术进步与科学技术成果的转化、应用和推广是相辅相成,只有形成两者之间的良性循环才能保证社会的进步"[1],为此,《合同法》第三百二十三条规定,订立技术合同,应当有利于科学技术的进步,加速科学技术成果的转化、应用和推广。凡是与此立法目的相悖的技术合同,都有可能归

---

[1] 黄彤主编:《合同法》,浙江大学出版社2013年版,第240页。

于无效。

根据《最高人民法院关于审理技术合同纠纷案件适用法律若干问题的解释》第十条规定，下列情形属于"非法垄断技术、妨碍技术进步"。

（一）限制当事人一方在合同标的技术基础上进行新的研究开发或者限制其使用所改进的技术，或者双方交换改进技术的条件不对等，包括要求一方将其自行改进的技术无偿提供给对方、非互惠性转让给对方、无偿独占或者共享该改进技术的知识产权。

（二）限制当事人一方从其他来源获得与技术提供方类似技术或者与之竞争的技术。

（三）阻碍当事人一方根据市场的需求，按照合理方式充分实施合同标的技术，包括明显不合理地限制技术接受方实施合同标的技术生产产品或者提供服务的数量、品种、价格、销售渠道和出口市场。

（四）要求技术接受方接受并非实施技术必不可少的附带条件，包括购买非必需的技术、原材料、产品、设备、服务以及接收非必需的人员等。

（五）不合理地限制技术接受方购买原材料、零部件、产品或者设备等的渠道或者来源。

（六）禁止技术接受方对合同标的技术知识产权的有效性提出异议或者对提出异议附加条件。

技术合同的认定登记是技术合同成立的必要条件吗？

答 技术合同的认定登记，是指"技术合同登记机构，依据国家法律、法规和有关规定，对当事人申请认定登记享受税收优惠政策的合同文本和相关附件材料，从法律上审查确认是否真实、合法，从技术上审查鉴别其是否属于技术合同的行政行为。"[1]在受理认定登记申请后，技术合同认定登记机构对符合《合同法》规定条件的技术合同，应进行分类登记、核定技术性收入、存档备案，并向当事人出具技术合同登记证明；对合同内容不完整或者有关附件材料不齐全的，应要求当事人在规定时间内补正，补正后符合法定条件的，再给予登记；对于非技术合同或不符合登记条件的技术

---

[1] 赵文良、张雪容:《上海市技术合同认定登记政策效应实证分析》，载《科技成果管理与研究》2011年第7期。

合同，不予登记，并在合同文本上注明"未予登记"后退还当事人。

根据《合同法》规定，承诺通知到达要约人时承诺生效，承诺生效的时间为合同成立的时间，承诺生效的地点为合同成立的地点。当技术合同以书面形式呈现时，双方当事人在合同书上的签字、盖章是对合同权利义务关系的明示确认，也是合同成立和发生法律拘束力的有效凭证。对此，《合同法》第三十二条规定，当事人采用合同书形式订立合同的，自双方当事人签字或者盖章时合同成立。自然人订立技术合同，由本人签名或者盖章。法人订立技术合同，由法定代表人或其授权的人员在合同书上签字或者加盖法人的印章或者合同专用章。其他组织订立技术合同，由该组织的负责人或代表在合同书上签字或者加盖该组织的印章。若出现签字、盖章时间不一致的情况，则以最后签字或盖章的时间为合同成立时间。随着市场经济的繁荣和跨境贸易的发展，越来越多的技术合同以信件、电报、传真、电子邮件等形式达成。针对这种情况，《合同法》第三十三条规定，当事人采用信件、数据电文等形式订立合同的，可以在合同成立之前要求签订确认书。签订确认书时合同成立。

因此,承诺生效时技术合同就已成立。技术合同的成立与否,与认定登记无关。技术合同的认定登记不是技术合同成立的必要条件。

如何进行技术合同的认定登记?

答 进行技术合同认定登记,须遵循如下步骤。

(一)申请。技术合同依法成立后,由技术开发方、转让方、顾问方或服务方于技术合同成立之日起30日内,凭完整的合同文本和有关附件,向所在地的技术合同认定登记机构申请认定登记。申请技术合同认定登记应提交下列材料。

1. 完整的书面合同文本和有关附件。合同文本可以采用科学技术部监制的技术合同示范文本。

2. 有关机关批准的文件和证照。

(1)列入国家计划或者省、自治区、直辖市计划的重要科技项目合同,应提交国务院主管部门或省、自治区、直辖市主管机关批准的文件;

(2)内容涉及国家安全或者重大利益、需要保密的技术合同,应提交由核定密级的机关批准的文件;

（3）全民所有制单位转让专利权、专利申请权合同，应提交其上级主管机关批准的文件；

（4）涉及易燃、易爆、高压、高空、剧毒、建筑、医药、卫生、放射性等高度危险或者涉及人身安全和社会公共利益项目的合同，应提交有关管理机关的批准文件或证照。

3. 个人就非专利技术转让订立的合同，应提交所在单位或者有关单位确认非职务技术成果的证明。

4. 委托代理人订立的合同申请认定登记，应提交委托书复印件。

（二）受理。技术合同认定登记机构对合同形式、签章手续及有关附件、证照等进行初步查验，确认符合《合同法》《技术合同认定登记管理办法》《技术合同认定规则》等法律法规之要求的，予以受理。

（三）审查认定。技术合同认定登记机构进一步对申请认定登记的合同书的主体合法性、客体合法性和签约程序合法性进行审查，继而就其是否属于技术合同、属于何种技术合同作出判断。

（四）办理登记。技术合同认定登记机构根据《技术合同认定规则》，对符合条件的技术合同进行分类，填写技术合同登记表,编列技术合同登记序号,在技术合同文本上填写登记序号,加盖技术合同登记专用章,发给当事人技术合同登记证明。对于非技术合同或不应登记的技术合同应在合同文本上注明"未予登记"字样。

(五)核定技术性收入。技术合同中的技术性收入是贯彻落实国家对技术交易特殊奖励政策和进行技术市场统计的最基本、最重要的依据。[1]核定工作可以分为三个层次。

1. 核定技术交易额。进行技术合同认定登记,需将技术交易额从合同全部成交额中分离出来。具体做法为:从合同全部成交额中一次性扣除非技术部分的费用,剩余部分即为技术交易额。核定的技术交易额要在技术合同中单独载明。技术开发合同或者技术转让合同包含技术咨询、技术服务内容的,技术咨询、技术服务所得报酬,可以计入技术交易额。

2. 核定技术交易的纯收入。技术交易奖酬金的提取额,以技术交易的纯收入为基数按一定比例计算得出。技术交易纯收入的计算方法是,从技术交易额中,扣除合同实施

---

[1] 王伟程、刘国忱、邵丁主编:《技术贸易与技术合同》,中国林业出版社1998年版,第121页。

过程所花费的调试、交通、能源、劳务、设备安装、文件制作等提供技术以外的开支。"有些技术转让合同，转让方除转让技术外，还对受让方提供技术服务，这种技术服务可视为技术转让不可分割的组成部分，其所得可以计入技术转让净收入。"[1]

3. 核定奖酬金。

（1）属于单位提取技术交易奖酬金的，要严格按照国家和地方政府关于提取奖酬金比例的规定，以技术交易纯收入为基数计算。

（2）属于个人提取技术交易奖酬金的，要严格按照国家对个人所得税的征收办法，在扣除应缴纳的个人所得税额后，剩余部分才为个人实际可以得到的奖酬金。

另需指出的是，省、自治区、直辖市和计划单列市科学技术行政部门管理本行政区划内的技术合同认定登记工作。地、市、区、县科学技术行政部门设技术合同认定登记机构，负责具体办理技术合同的认定登记工作。科学技术部负责管理、指

---

[1] 王伟程、刘国忱、邵丁主编：《技术贸易与技术合同》，中国林业出版社1998年版，第121页。

导全国技术合同认定登记工作。

认定登记技术合同有何益处?

答 技术合同认定登记是目前统计技术交易的唯一通用方式,以技术合同认定登记制度为基础的技术交易信息系统被称为技术市场的"晴雨表"。[1]具体来说,科技工作者主动申请认定登记技术合同有六个方面的益处。

第一,经认定登记的技术合同,当事人可以依照规定享受到国家关于促进科技成果转化的税收、信贷、奖励等方面的优惠政策,而那些未申请认定登记和不予登记的技术合同则无法享受相关优惠政策。政策性优惠主要包括:企业支付的技术价款、报酬、使用费和佣金可以按照国家有关规定摊入成本;对于从事技术转让、技术开发业务和与之相关的技术咨询、技术服务所取得的收入,免征营业税和所得税。

第二,技术合同认定登记机构可以通过认定审查帮助当

---

[1] 赵文良、张雪容:《上海市技术合同认定登记政策效应实证分析》,载《科技成果管理与研究》2011年第7期。

事人完善合同，从而提高合同的全面履行率，预防技术合同纠纷。

第三，从事技术开发、技术转让、技术服务、技术咨询的企业，可以在纯收入中提取20%～30%的额度作为合同当事人的津贴和奖励，奖励金额不计入单位奖金总额。另外，技术合同登记数量与金额是企业、单位参与科技项目评奖的重要参考指标。

第四，技术合同登记数量和交易额可以作为企业（或个人）的资信凭证使用，担保企业（或个人）在银行、金融机构的信誉度，帮助企业（或个人）从银行、金融机构获得融资贷款。

第五，经认定登记的技术合同交易额是高新技术企业资格年审复核和企业所得税减免的重要考核依据。

第六，技术市场的行政监管部门可以通过认定登记技术合同来把握市场运行状况，形成统计分析报告，调整政策导向，加强对技术交易市场和科技成果转化的宏观指导。

法律对技术合同的诉讼时效作何规定？

❓ 诉讼时效是指"请求权人在法定期间内持续不行使其

权利,义务人即取得永久性抗辩权的法律制度。"[1]

2017年3月15日,十二届全国人大五次会议表决通过了《中华人民共和国民法总则》。"《民法总则》一改《民法通则》的常例,不再区分普通诉讼时效和特殊诉讼时效,规定了统一时效制度"[2],即向人民法院请求保护民事权利的诉讼时效期间为3年,法律另有规定的,依照其规定。

就技术合同而言,《合同法》第一百二十九条规定,因国际货物买卖合同和技术进出口合同争议提起诉讼或者申请仲裁的期限为四年,自当事人知道或者应当知道其权利受到侵害之日起计算。因其他合同争议提起诉讼或者申请仲裁的期限,依照有关法律的规定。此外,《最高人民法院关于适用〈中华人民共和国合同法〉若干问题的解释》规定,技术合同争议当事人的权利受到侵害的事实发生在合同法实施之前,自当事人知道或者应当知道其权利受到侵害之日起至合同法实施之日超过一年的,人民法院不予保护;尚未超过一年的,其提起诉讼的

---

[1] 李永军主编:《中华人民共和国民法总则精释与适用》,中国民主法制出版社2017年版,第293页。
[2] 刘金霞、温慧卿主编:《新编民法原理与实务》,北京理工大学出版社2017年版,第82页。

时效期间为两年。技术进出口合同争议当事人的权利受到侵害的事实发生在合同法实施之前,自当事人知道或者应当知道其权利受到侵害之日起至合同法施行之日超过两年的,人民法院不予保护;尚未超过两年的,其提起诉讼的时效期间为四年。

对于民法上的最长诉讼时效,《民法总则》仍然沿袭了《民法通则》的规定,明确为二十年,起算时间是权利被侵害之日,且不再适用中止、中断的规定,这是国家公权力对私人请求权予以保护的最长时间。除了最长诉讼时效是从权利被侵害之日起计算,其余的诉讼时效起算时间都为"知道或者应当知道权利受到损害以及义务人之日起计算"。

第二章 技术开发合同

什么是技术开发合同?

答 根据《合同法》第三百三十条规定,技术开发合同是指当事人之间就新技术、新产品、新工艺或者新材料及其系统的研究开发所订立的合同。技术开发合同包括委托开发合同和合作开发合同。技术开发合同应当采用书面形式。当事人之间就具有产业应用价值的科技成果实施转化订立的合同，参照技术开发合同的规定。其中，"委托开发合同是指当事人一方（即委托方）委托另一方（即研究开发方）进行技术研究开发的合同；合作开发合同是指当事人各方就共同进行技术研究开发所订立的合同。凡进行基础理论研究的合作协议不属于技术开发合同。"[1]

科学技术部制定的《技术合同认定规则》规定，下列合同不属于技术开发合同：（1）合同标的为当事人已经掌握的技术方案，包括已完成产业化开发的产品、工艺、材料及其系统；（2）合同标的为通过简单改变尺寸、参数、排列，或者通过类似技术手段的变换实现的产品改型、工艺变更以及材料配方调整；（3）合同标的为一般检验、测试、鉴定、仿制和应用。

技术开发合同相比于其他技术合同有何不同？

❓ 技术开发合同是一种具体的技术合同形式，与技术服

---

[1] 曲天明、王国柱主编：《合同法》，浙江大学出版社2010年版，第225页。

务合同、技术中介合同、技术咨询合同等其他类型的技术合同相比,技术开发合同具有下列明显的法律特性。

第一,技术开发合同的标的物是具有创造性的技术成果,包括新技术、新产品、新工艺、新材料及其系统等。这些新的技术成果是订立合同之时尚不存在、尚未被掌握的,只有经过研究开发方的创造性科技活动才能取得。一切现有技术的转移和利用现有技术进行的服务,都不属于技术开发的范围。"技术开发合同的这一特征使其与承揽合同相区别。承揽合同的标的物是工作成果,尽管这种成果也体现了承揽人一定的智力性劳动,但是其成果并非智力性成果,仅是有形商品。"[1]

第二,技术开发合同既是双务有偿合同也是要式合同。根据前文所述的技术开发合同定义,技术开发合同双方当事人均负有一定义务,任何一方从相对方取得收益的同时都必须支付相应对价。因此,技术开发合同为双务有偿合同。由于技术开发合同事关技术成果的创新研发,履行过程时间较长,当事人之间的权利义务关系也比较复杂,故《合同法》第三百三十条要求技术开发合同应当采用书面形式。所以,技术开发合同

---

[1] 王玉梅:《合同法》,中国政法大学出版社2014年版,第183页。

为要式合同。这一规定有助于明确当事人之间的权利义务，并为合理解决合同纠纷提供基本依据。

第三，技术开发合同的履行风险较大，且由合同双方当事人共担。在履行技术开发合同的过程中，通过科技工作者的努力，取得预期成效，实现合同目的，这是订约双方都积极追求的结果，但也存在着遭遇技术难关，依靠现有科技水平无法克服，致使开发工作全部失败或部分失败的可能。这类风险的出现并非科技工作者过错所致，因此，技术开发损失应在当事人之间合理分担。当事人可以在合同中约定如何分担风险。相应地，研发创造出的技术成果一般也由双方当事人共享，当然，基于合同意思自治的精神，双方当事人也可以在合同中约定技术成果的归属和利益分配的办法。

履行技术开发合同应防范哪些风险？

答 技术开发合同的履行风险是指，在技术研发的过程中，即在技术开发合同的履行过程中，合同一方或双方当事人虽然做了最大限度的主客观努力，但由于受现有科学技术水平、人类认识水平和试验条件等因素的限制，仍然发生了无法预见、无法克服的技术困难,致使研究开发工作全部失败或部分失败的情况。因此,技术开发合同的履行风险不包括那些可归于不可抗力的自然事件、社会事件、人员风险和市场风险等。"研究开发活动的特殊性,决定了它既要受到错综复杂的社会因素和自然因素的限制,同时也要受到其自身发展规律的影响。尤其是在探索技术性较强的技术开发合同中,由于人们受现有认识水平的限制,遇到失败或反复的情况常常是不可避免的。在高新技术开发和科技攻关活动中尤其如此。"[1]

实践中常见的技术开发合同履行风险通常表现为以下四种形式。

(一)研发项目本身符合科学原理,但由于技术难度过大,现阶段难以实现攻关。此情形的出现大多是由于研发项目尚处在技术创新的潜伏期,支持和补充性技术还未进步到足以保证开发成功的水平,或由于技术信息的沟通交流存在诸多障碍,研发者对技术开发成功的概率难以作出正确评价等。"因此,尽管人们确信研究开发技术方案在科学原理上不容置疑,但一旦进入正式的开发研究阶段,便有可能遇到技术开发成本过

---

[1] 关键主编:《技术合同》,中国民主法制出版社2003年版,第158页。

高、研究开发周期太长等难以克服的困难。"[1]

（二）研发项目本身符合科学原理，但研究开发工作遇到了随机性的技术难题，致使研究开发工作失败。由于受到技术资料、仪器设备、经费投入、团队协作、科技人员自身素质等条件的影响，技术开发活动往往带有较大的随机性和偶然性。同一项目，不同条件、不同的技术开发人员，所得出的结果往往差别巨大。

（三）研发项目本身不符合科学原理，研究开发工作失败实属必然。此情况在技术开发活动中虽不多见，但也在所难免。"科研活动的创造性和探索性，一方面决定了人们对这一劳动的进程和劳动成果很难作出准确的预测；另一方面，也要受到科学技术发展水平和人们现有认识能力的限制。"[2]尽管科技工作者大多是在已掌握的科学原理指导下工作，但已知的科学理论并非都是能够被实践证明的真理，而有可能是先人在该问题上的错误认识，因此，在这些理论指导下开展的、行至一定阶段的技术开发工作必将走向失败。

---

[1] 关键主编：《技术合同》，中国民主法制出版社2003年版，第160页。
[2] 关键主编：《技术合同》，中国民主法制出版社2003年版，第161页。

（四）研发项目本身符合科学原理，虽有一定技术难度但现阶段可以攻关，且并未遇到随机性的技术难题，但是，在履行技术开发合同的过程中，作为合同标的物的技术成果已为第三方掌握并公开，使得技术开发合同的继续履行失去意义。

技术开发合同履行中的风险责任应当如何负担？

❷ 《合同法》第三百三十八条规定："在技术开发合同履行过程中，因出现无法克服的技术困难，致使研究开发失败或者部分失败的，该风险责任由当事人约定。没有约定或者约定不明确，依照本法第六十一条的规定仍不能确定的，风险责任由当事人合理分担。当事人一方发现前款规定的可能致使研究开发失败或者部分失败的情形时，应当及时通知另一方并采取适当措施减少损失。"没有及时通知并采取适当措施，致使损失扩大的，应当就扩大的损失承担责任。同时，《合同法》第六十一条指出，合同生效后，当事人就质量、价款或者报酬、履行地点等内容没有约定或者约定不明确的，可以协议补充；不能达成补充协议的，按照合同有关条款或者交易习惯确定。

据此,技术开发合同的风险责任负担应首先由当事人约定解决;技术开发合同没有约定或者约定不明的,可由双方当事人协议补充;协商不成,根据合同有关条款或者交易习惯仍不能确定的,由双方合理分担。

【案例】 南京瑞年百思特制药有限公司诉南京京华生物工程有限公司技术合同纠纷案

案例简介:2011年12月,南京京华生物工程有限公司(以下简称"京华公司")与南京瑞年百思特制药有限公司(以下简称"瑞年公司")签署《技术转让合同书》一份,约定由京华公司进行普拉洛芬滴眼液(单剂量)的技术开发,并保证上述技术产品能够获得国家食品药品监督管理局的生产批件。合同签署后,瑞年公司依约于2012年1月4日先行支付了首期20万元转让费。根据合同约定,京华公司应在收到首笔付款9个月内提交申报所需资料、原始记录和图谱并履行相关义务。但到期时,京华公司未能对涉案技术产品有任何实质性的研发进展。瑞年公司多次催促无果,遂诉至法院,请求判决解除2011年12月签订的项目名称为"普拉洛芬滴眼液(单剂量)"的《技术转让合同书》,并由京华公司退还瑞年公司已支付的技术开发费20万元。

一审法院审理后认为,双方签订的合同虽然名为《技术转让合同书》,但性质上是技术开发合同。该合同在履行过程中,出现了无法克服的技术困难,导致待研药品未能最终完成,而合同文本对于风险责任的承担约定不明确,故应由京华公司、瑞年公司合理分担损失。据此,一审法院依照《合同法》第五、三百三十八条及《民事诉讼法》第一百四十二条规定,判决如下:(一)南京瑞年百思特制药有限公司与南京京华生物工程有限公司签订的项目名称为"普拉洛芬滴眼液(单剂量)"的《技术转让合同书》于本判决生效之日解除。(二)南京京华生物工程有限公司于本判决发生法律效力之日起十日内退还南京瑞年百思特制药有限公司开发费10万元。

一审判决作出后,京华公司、瑞年公司均表示不服,提出上诉。二审中,双方未提供新证据、新理由。对于一审查明的事实,双方也无异议,故二审法院驳回上诉,维持原判决。[1]

---

[1] 参见江苏省南京市玄武区人民法院(2013)玄知民初字第97号民事判决书、江苏省南京市中级人民法院(2015)宁知民终字第35号民事判决书。

知识点:《最高人民法院关于审理技术合同纠纷案件适用法律若干问题的解释》第二十二条规定,《合同法》第三百四十二条规定的"技术转让合同",是指合法拥有技术的权利人,包括其他有权对外转让技术的人,将现有特定的专利、专利申请、技术秘密的相关权利让与他人,或者许可他人实施、使用所订立的合同。但就尚待研究开发的技术成果或者不涉及专利、专利申请或者技术秘密的知识、技术、经验和信息所订立的合同除外。本案中,涉案药品属于尚待研究开发的技术成果,因此,双方当事人于2011年12月签订的《技术转让合同书》并不属于《合同法》规定的技术转让合同。

进一步来看,虽然涉案合同名称是《技术转让合同书》,但在合同中载明的研发项目名称为"普拉洛芬滴眼液(单剂量)技术开发",并有"进行有关的工艺和质量研究工作""技术开发费为50万元"等表述,这些条款内容均表明在签订合同时,双方对于该合同是技术开发合同应是知晓的。故涉案合同的性质应认定为技术开发合同,且为委托开发合同。

既然涉案合同为技术开发合同,那么,当技术开发成果未能最终完成时,风险责任应如何分配?

《合同法》第三百三十八条规定:"在技术开发合同履行过

程中，因出现无法克服的技术困难，致使研究开发失败或者部分失败的，该风险责任由当事人约定。没有约定或者约定不明确，依照本法第六十一条的规定仍不能确定的，风险责任由当事人合理分担。"本案中，合同约定的技术开发项目归于失败，双方对于风险责任的承担没有约定，也未能通过后续协议补充约定，故应由双方合理分担。技术开发合同具有较高的风险性，技术水平、人为原因、经济实力、政策规定等多种因素都可能导致开发失败，故合同双方当事人在签约时应具备相应的风险意识，并力求对合同履行中可能出现的风险及责任承担予以明确。现双方达成一致请求解除合同，依法可予允许。至于合同解除后双方责任的承担，考虑到双方对此结果均存在一定过错且京华公司已依约进行了部分研发工作的事实，双方应当共同分担瑞年公司已支付的开发费20万元的损失。

《合同法》规定的技术开发合同的特殊解除事由是什么？

❓ 技术开发合同的解除，应当依据《合同法》总则的一般规定。除此之外，《合同法》第三百三十七条规定了技术开发合同解除的特殊原因："因作为技术开发合同标的的技术已经由他人公开，致使技术开发合同的履行没有意义的，当事人可以解除合同。"这里的"已经由他人公开"，通常是指以下两种情况：其一，该技术已经由他人申请专利而公开；其二，该技术被他人向社会公开，成为公知公用的技术。前一种情况可能使技术开发合同的继续履行在经济上没有意义；后一种情况应当说必然使技术开发合同的履行丧失意义，因为当事人可以从公开的渠道获取该技术。

什么是委托开发合同？

❷ 委托开发合同是当事人一方委托另一方进行研究开发所订立的技术开发合同。提出研究开发课题、委托对方进行研究开发的一方为委托方，受托承担研究开发的一方为研究开发方。

一般而言，委托开发合同具有下列法律特征。

（一）委托开发合同主体必须具有一定的经济和技术实力。在履行委托开发合同中，委托方必须具有足够的研究开发经费和必要的物资和器材；而受托方必须具备一定的科研人员、技术人员和相当水平的科学技术知识。

（二）委托开发合同标的表现为技术成果。委托开发合同的委托方通过开发方的脑力劳动，最终获得无形的或者有形的技术成果，如图纸、产品设计、各种技术资料等技术文件，中试产品、样机等。委托开发合同标的为技术成果，使委托开发合同与标的表现为劳动成果的加工承揽合同相区别。

（三）委托开发合同的标的是尚需研制的技术成果。在委托开发合同中，研究开发方是为了满足委托方在生产上或生活上的某种特殊需要，并依照委托方提出的特定经济指标去履行研究开发工作。因此，在合同订立时，合同的标的并不是现有的技术成果，而是未知的，需要研究开发方在经过探索、试验、研制等创造性的劳动后才能成为现实的技术成果。正是在此点上，委托开发合同区别于技术转让合同。

（四）委托开发合同中的委托方以自己承担风险为要件，委托研究开发方进行技术研究开发工作。一般情况下，委托开发合同的委托方不仅有义务向研究开发方提供合同中约定的研究开发经费，而且还有义务承担由于不可抗力等原因造成的研究开发工作的失败、投资落空的风险。

（五）委托开发合同中的研究开发方是以自己的名义、技术、劳务独立进行研究开发工作。委托方所提出的技术经济要求规定了研究开发方的主要工作方向,但不能以此限制研究开发方的独立性。

委托开发合同中的委托方有哪些主要义务?

❷ 根据《合同法》第三百三十一条规定,委托人的义务主要包括以下几项。

第一,按照合同的约定支付研究开发经费和报酬。研究开发经费是指研究开发方进行研究开发工作所需要的费用,具体包括购买必要的研究设备的费用,购买技术资料的费用,调研、购买必要的试制材料的费用,能源费、安装费、调试费,以及进行研究开发工作所需的其他费用。

研究开发经费的数量,原则上是由双方当事人根据上述各项内容和实际工作的需要进行预算并在委托开发合同中进行约定,并由委托方支付全部研究开发经费,但是,也允许当事人根据实际情况另行约定。在实际生活中,也经常发生这样的情况,即委托方受其经济能力的限制支付部分研究开发经费或者只负担成本开支范围的部分款项,其余部分由研究开发方自理,双方的利益关系通过技术成果的分享加以调节,这是允许的，也并不会改变技术开发合同的性质。

研究开发经费的结算可以采用按实际支出结算和经费包干使用两种方式。按照实际支出结算，即委托方按照开发方实际花费的研究开发费用支付。当研究开发经费不足时，委托方应当补充支付；而当研究开发经费有剩余时，开发方则应当将剩余部分返还。经费包干使用的方式则是双方约定由委托方向研究开发方支付一定的研究开发经费，当研究开发过程中出现经费不足时，由开发方自行解决。

当事人应当在委托开发合同中约定所采取的核算方式、经费支付的时间。在合同中没有约定研究开发经费结算方式的，按包干使用方式处理。但是，无论采取哪一种结算方式，委托方在支付研究开发经费的同时，都有权检查研究开发方履行合同和使用研究开发经费的情况，但不得妨碍研究开发方的正常工作。

与研究开发经费密切相关的一个问题是，使用研究开发经费所购置的专门设备、仪器等的所有权归属问题。一般来说，为履行合同所购置的贵重设备和仪器的所有权，应由当事人在合同中约定。如果当事人没有约定，根据《合同法》第六十一条的规定仍不能确定的，可以按照研究开发经费的计算方法来确定所有权归属，即研究开发经费按实际支付的，所购置的设备、仪器应当返还委托人；研究开发经费实行包干使用的，所购置仪器设备所有权归研究开发人。

委托人除负有支付研究开发经费的义务外，还负有支付报酬的义务。此处所称的报酬和研究开发经费是两个不同的概念。研究开发经费是研究开发的投入，而报酬则是委托人取得研究开发成果后，作为合同的"对价"应向研究开发人支付的款项，即研究开发成果的使用费和研究开发人员的科研补贴。该项报酬可以单独列出，也可以约定以研究开发经费的一定比例作为报酬。合同没有明确约定报酬的，研究开发经费实行包干使用的，应当理解为报酬已包含在研究开发经费之中，从研究开发经费的结余中支付；研究开发经费按实际支付的，根据《合同法》第六十一条的规定仍不能确定的，应当根据研究开发时间、研究开发项目的技术难度和工作量，并参照同类研究开发成果的使用费以及同类人员从事同类研究开发工作的一般科研补贴标准予以合理确定。

第二，委托方应按照合同约定提供必要的技术资料、原始数据，并完成协作事项。委托开发方的工作是研究开发方根据委托方的要求进行的，只有委托方提供完备的技术资料、原始数据和必要的协助,研究开发方的研究开发工作才能更好地满足其要求,并保证研究开发工作顺利进行。但是,为研究开发方提供有关的资料、数据和协助,只是为研究开发工作提供的辅助性劳动,而不能因此认为委托方参加了研究开发工作,而将原委托开发合同变更为合作开发合同。

第三,委托方应按期接受研究开发成果。研究开发成果是指研究开发方按合同约定完成研究开发课题后向委托人交付的工作成果。合同可以约定委托人以下列一种或几种方法接受研究开发方提交的研究开发的技术成果:接受产品设计,工艺规程,原料配方或其他图纸论文、报告等技术文件;接受磁带、磁盘、计算机软件,接受样品、样机,接受成套技术设备,接受动物或者植物的新品种、微生物菌种等。在接受研究开发成果时,委托方应当及时组织进行技术成果的鉴定和评价工作,并对研究开发工作成果进行验收。

委托人应按期接受成果,以使合同能按期履行完毕,及时清结债务。如果委托人无故拒绝或迟延接受研究开发成果,致使研究开发成果为合法的第三方善意占有,或该项成果的使用价值失去应有的新颖性,或该成果遭到意外灭失或损失,应由委托方承担全部损失。

以上三项义务仅是法律针对所有的委托开发合同作出的普遍的规定。而在一项具体的委托开发合同中,委托人和研究开发人可以根据具体的情况,在合同中约定其他义务,或者在事后以补充协议的形式规定。这些约定的其他义务同样成为对委托人具有约束力的义务,委托人亦应完全、及时履行这些义务,否则也会承担相应的违约责任。

委托开发合同中的研究开发方有哪些主要义务?

❓ 根据《合同法》第三百三十二条规定,研究开发人的义务主要有下列三项。

第一,按照约定制定和实施研究开发计划。不论是复杂的系统开发,还是单一的新产品、新工艺、新材料的开发,都是对未知领域的探索、开发,都是一项复杂的工作。因此,为了保证研究开发工作有计划、按要求进行,研究开发方都应在研究开发工作开始之前,向委托方提供研究开发计划,以使委托方能够了解和检查研究开发工作进程。同时,研究开发计划也是指导研究开发工作的纲领性、指导性文件,是完成研究开发的前提。因此,研究开发方必须根据委托开发合同的约定,制订研究开发计划,以及具体的工作计划、实施方案和步骤,并全面实施。同时,研究开发方制订和实施研究开发计划的活动,还应当自觉接受委托方的监督和检查。

研究开发计划一般包括下列各项内容:(1)项目名称;(2)现有技术基础和条件;(3)研究开发的总体目标;(4)现状及存在的问题;(5)国内外研究的情况;(6)达到的技术水平,经济与社会效益,以及推广应用;(7)研究、试验方法和技术进度;(8)攻关目标和具体内容;(9)研究开发所需的主要仪器设备和材料;(10)承担单位和参与研究开发的主要技术专家和科研人员;(11)经费预算和经费总额。

第二,研究开发人应当合理使用研究开发经费。此项义务包括两层涵义。其一,研究开发方必须按照合同约定的研究开发经费的使用范围使用研究开发经费。合同约定的专用研究开发经费必须专项使用。对于研究开发经费合同没有约定的,应参照国家科委、财政部发布的《科研单位实行经济核算制的若干规定》中的成本开支范围使用研究开发经费,不得挪作他用。否则,将影响整个研究开发工作的顺利完成,甚至会致使研究开发工作因经费缺少,而无法继续进行。其二,研究开发方对研究开发经费必须合理使用,以最低的耗费,获得最大的经济效益。如果研究开发经费是采用实际支出的方式结算的,研究开发方合理使用则可以为委托方节省下大量的不必要的开支;如果研究开发经费是采取经费包干的方式结算的,合理使用研究开发经费,研究开发方可以从中省下大量不必要的开支,作为对自己研究开发工作的报酬。

第三,按期完成研究开发工作,交付研究开发成果,提供有关的技术资料和必要的技术指导,帮助委托人掌握研究开发成果。这是研究开发人最主要的义务。首先,研究开发人必须按照合同约定的期限完成研究开发课题,向委托人交付有关工作成果。研究开发人应提交什么形式的成果,可由当事人根据实际情况商定。根据研究开发成果的多样性以及形式的特殊性的特点,研究开发方可以以下列形式向委托方提供研究开发成果:产品设计、工艺流程、材料配方和图纸、论文、报告等技术文件;磁带、磁盘、光盘等可以通过机器加以识别的技术载体;动物、植物新品种、微生物菌种等;样机、样品、成套设备等。其次,研究开发人还应当提供有关的技术资料和必要的技术指导,帮助委托人掌握开发成果。委托人委托研究开发人进行研究开发,自己却没有真正参与研究开发的具体工作,因而对研究开发成果的许多技术问题可能知之甚少或者一无所知。因此，为了帮助委托人能真正实际应用研究开发新成果，研究开发方应该为委托人提供技术资料的具体、必要的技术指导，培训技术人员，使委托方尽快掌握研究开发新技术，以促进科学技术和经济的发展。但双方应在合同中具体约定提供技术资料的范围和委托人要求技术指导的内容。

委托开发合同中出现何种情形属于研究开发方违约？

❷ 委托开发合同中研究开发方违约的情形通常有三种。

（一）未按期实施研究开发计划。制订和实施研究开发计划，是研究开发人的主要义务。未按期实施研究开发计划，是不履行合同或延迟履行合同的行为。如果发生这种情况，委托人有权要求研究开发人实施研究开发计划并采取补救措施，同时可以要求研究开发人承担违约责任。

（二）挪用研究开发经费。研究开发人将研究开发经费用于履行合同以外的目的，委托人有权制止并要求其退还相应的经费用于研究开发工作。因此造成研究开发工作停滞、延误或者失败的，研究开发人应当采取补救措施继续履行合同，并且应当承担违约责任。

（三）研究开发成果不符合约定的条件。按期完成研究开发工作、交付研究开发成果是研究开发人最基本的义务。研究开发人由于自己的过错未能履行该项义务则应当承担违约责任。如果研究开发成果验收符合基本条件但不符合其他要求，或者虽然不符合基本条件但可以采取适当补救措施，属于研究开发成果有缺陷。在此情况下，委托人可以请求研究开发人采取适当补救措施，并可以按照《合同法》第七章的规定追究研究开发人的违约责任。

【案例】 如何让委托开发合同中的研究开发人承担违约责任？

案例简介：某机械厂与某机械研究所签订一份委托开发合同，由某机械厂委托研究所研制黑白显像管圆盘式自动沉屏机一台。合同对交付研制设备的时间、研究开发费用、设备的验收方式、验收的标准等都一一作了约定。合同签订后，研究所开始进行研究开发工作，并向机械厂提交了设计图纸，并经其确认。机械厂也按合同约定支付了部分研究开发经费。但在研究开发工作中，研究所发现，如果按照事先约定的机器设备标准和设计图纸进行研制，基于其自身的技术力量和实际情况，会有相当的技术难度。于是在没有通知也没有取得机械厂同意的情况下，研究所私自对设计参数进行了修改。之后，研究所按时完成了按修改后的参数进行研制的设备的研究开发工作，并提交给机械厂进行验收。机械厂在验收中发现设备标准与约定的标准不相符合，于是拒绝接受研制开发成果，拒付剩余的研究开发经费，同时，要求研究所返还已支付的研究开发经费和赔偿经济损失。双方为此产生纠纷，诉至法院。[1]

知识点：从案件事实可以看出，机械厂的义务履行情况是符合合同约定的。而研究所虽履行了提交设计图纸的义务，但由于其本身的原因，没有按图纸进行研制，最终导致研制的设备不符合合同约定，致使机械厂拒绝接受设备和支付剩余的研究开发经费。因此，导致双方纠纷的原因在于研究所没按合同约定履行义务，所以该研究所有违约行为，并且这种违约行为导致的后果不能采取任何补救措施予以补救。正是基于研究所的违约行为，机械厂要求其承担返还研究开发经费和赔偿损

---

[1] 吴合振主编：《技术合同》，人民法院出版社2000年版，第210页。

失的违约责任的诉讼请求符合《合同法》第三百三十四条的规定，法院应予支持。

基于委托开发合同产生的发明创造的专利申请权以及专利权归属于谁？

🅰 委托开发完成的发明创造是指《专利法》上的发明创造，即发明、实用新型和外观设计。上述发明创造必须是作为合同标的的发明创造，属于合同标的范围内的发明创造和为实施合同标的的发明创造必须的其他发明创造。有时，当事人在完成某一研究开发课题过程中，可能获得与研究开发目标无关的新的知识和发现，从而可能在完成研究开发成果的同时，作出与合同标的无关的派生发明创造和当事人订立合同时不能预见的发明创造。这些发明创造不属于履行技术开发合同所完成的发明创造。

《专利法》第八条规定："两个以上单位或者个人合作完成的发明创造、一个单位或者个人接受其他单位或者个人委托所完成的发明创造，除另有协议的以外，申请专利的权利属于完成或者共同完成的单位或者个人；申请被批准后，申请的单位或者个人为专利权人。"同时,《合同法》第三百三十九条规定:"委托开发完成的发明创造,除当事人另有约定的以外,申请专利的权利属于研究开发人。研究开发人取得专利权的,委托人可以免费实施该专利。"根据上述规定可以看出,对于委托开发产生的发明创造的专利申请权归属,在我国以归属于研究开发人为原则,而以委托人与研究开发人对此有约定为例外。该原则作为一项较为切合实际且合乎国际惯例的做法,也被我国《合同法》所采用,且规定得更加明确、具体化,即委托开发完成的发明创造,除当事人另有约定的以外,申请专利的权利属于研究开发人。我国法律之所以这样规定,原因在于从根本上而言,研究开发成果的完成凝结了研究开发人创造性的思维和活动,虽然对于研究开发方的工作,委托人一般也通过给付一定的研究开发经费,作为添置设备、补充材料和研究设计的报酬之用,并且还可能提供技术资料、原始数据以及其他辅助事项等,但是这些活动对研究开发工作而言,只能是辅助性、协助性的工作,而真正决定研究开发成果的是研究开发人的研究开发活动。

委托开发合同所产生的发明创造的专利申请权以及专利权的归属主要表现为两种形式。

（一）委托开发合同当事人在合同中约定发明创造专利权和专利申请权的归属条款的，按照合同的约定内容执行，委托开发合同的当事人既可以约定委托开发完成的发明创造申请专利权属于委托方，也可以约定属于双方共有。

当事人约定专利申请权共有，应按一般共有关系处理。共有人中一方转让其共有的专利申请权的，另一方或其他各方可以在同等条件下优先受让其共有的专利申请权。

（二）在技术开发合同未对专利申请权的归属作出约定的情况下，委托开发产生的发明创造专利申请权属于研究开发方。研究开发方就其专利申请权进行转让的，委托方可以优先受让专利申请权。研究开发方声明放弃其享有专利申请权的，委托方可以随之享有该发明创造的专利申请权。

专利申请权的取得是最终获得专利权的前提。委托开发合同发明创造的专利申请被批准后，研究开发方提出专利申请的，专利权归研究开发方所有；由双方共同申请专利权的，专利权归双方共有；研究开发方放弃专利申请权，而由委托方受让专利申请权后申请专利的，专利权归委托人所有；如果专利申请权转让给合同当事人以外的第三人后由其申请专利的，专利权则归该第三人所有。

什么是合作开发合同？

答 合作开发合同，是指两个以上的自然人、法人或其他组织，为完成一定的研究开发工作，由当事人各方共同投资、共同参与研究开发活动、共同承担研究开发风险并共同分享研究开发成果的协议。简言之，合作开发合同是指当事人各方就共同进行研究开发工作所订立的合同。

在实践中，人们对"合作开发"一词通常有广义和狭义两种理解。广义上的合作开发包括两种形式：一是由当事人各方都作出技术贡献和提供资金、设备、场地、材料等物质条件，共同参与技术开发工作；二是由当事人中的一方或几方作出技术贡献，另一方或几方提供资金、设备、场地、材料等物质条件，相互协作进行技术开发工作。狭义的合作开发不包括后者，仅指两个以上当事人就同一技术开发项目在共同作出技术贡献的情况下所进行的研究开发活动。

《合同法》所称的合作开发合同建立在狭义概念的合作开发的基础上。合作开发合同的合作各方既可以约定共同进行全部的研究开发工作，也可以按照合同约定进行分工研究开发，分别承担设计、工艺和试验等不同阶段或不同部分的研究开发工作。如果仅由当事人一方提供资金、设备、材料等物质条件，承担辅助协作事项，而另一方进行研究开发工作，这种合同则不属于合作开发合同，而应属于委托开发合同。

在实践中，还要注意区别合作开发合同与技术联营合同。合作开发合同涉及的技术在订立合同时双方都尚未掌握，而技术联营合同是一方当事人以技术作为投资，与另一方当事人联合进行生产经营的合同，其涉及的技术一般是当事人已经掌握的，可以直接应用于生产。合作开发合同与技术联营合同的权利义务内容也是不同的，前者的权利义务与解决新的技术课题相联系，涉及风险责任、技术成果分享与使用，而后者主要涉及共同投资、共同经营、共享利益、共担经营风险。

合作开发合同中的各方当事人有哪些主要义务？

答 《合同法》第三百三十五条规定："合作开发合同的当事人应当按照约定进行投资，包括以技术进行投资；分工参与研究开发工作；协作配合研究开发工作。"根据此条规定，合作开发合同各方当事人的义务主要分为以下三项。

第一，按照约定进行投资，包括以技术进行投资。共同投资是合作开发合同当事人的法定义务之一，也是当事人各方合作的内容，同时还是合作开发合同的一个重要特征。当事人的投资与其对研究开发成果的权利的享有是密切相关的，在订立合同时，当事人必须约定所有投资中各方所占的比例。

对于投资的方式，当事人可以根据自己的实际情况采取不同方式对研究开发课题进行投资。合作开发合同中当事人的投资方式常见的有以下三种：一是以资金作为投资；二是以设备、材料、场地、试验条件等物质条件作为投资；三是以专利、非专利技术成果以及技术情报、技术资料等技术条件作为投资。采取资金以外的形式进行投资的，应当折算成相应的金额，明确当事人在投资中所占的比例。

第二，分工参与研究开发工作。合作开发合同的当事人必须以自己的技术力量共同参与研究开发工作，这是当事人履行合同的基本义务，同时也是合作开发合同区别于委托开发合同的最重要的特征。参与研究开发工艺，包括按照约定的计划和分工共同进行或者分别承担设计、工艺、试验、试制等研究开发工作。合作开发各方参与研究开发工作的方式一般有以下三种。一是参与合作研究开发的各方均派出相应的专业技术人员组成课题组，按照事先约定或共同制订的研究开发计划共同参加全部研究开发工作，即合作各方均共同参与设计、工艺、试验和试制等研究开发工作。采取这种方式的好处是有利于充分发挥集体的力量，便于解决研究开发中遇到的技术难题。二是各方派出专业技术人员组成课题组后，根据各单位的技术力量优势，分别进行研究开发工作。采取这种共同参与研究开发方式的好处就在于能充分发挥不同的专业技术人员的自身优势，也有利于节约研究开发的成本。三是各方按协议分别承担某项设计、工艺、试验、试制工作，即将研究开发工作分为几个部分或几个阶段或几个过程，然后由一方派技术人员负责一个或几个阶段或者过程的研究开发工作。采取这种方式的好处在于参与合作开发的各方任务明确，在发生纠纷后，易于分清责任。但是，无论采取何种方式，合作开发各方都应当通过提出技术构思、完成技术方案或者工作成果，对研究开发课题作出实质性贡献。

第三，协作配合研究开发工作。由于合作开发是以双方共同的投资和共同进行研究开发为基础的，各方在合作研究中的协作配合是取得研究开发成果的关键。同时，合作开发合同的内容涉及面很广，只有合作各方齐心协力，相互配合、相互信任、相互帮助，方能完成这一复杂工作。合作各方可以在合同中约定成立由双方代表组成的联合协调机构,并约定该机构的人员组成、职能等,使研究开发工作中遇到的重大协作事项合理协调、具体落实,使研究开发工作得以顺利进行,最终实现合作开发各方的目的。

在合作开发合同的履行中,常见的违约情形有哪几种?

答 合作开发合同履行中常见的违约情形有三种。

(一)不按照合同约定进行投资的行为。合作开发各方有按照合同约定的方式和数额进行投资的义务。如果一方当事人不进行投资,或进行投资的方式与合同约定的方式不符,或实际投资少于合同约定,或投资后再将资金抽走,这些行为都是违约行为。

(二)不按照合同约定的分工参与研究开发工作。按照合同的约定共同参与研究开发工作是合作开发人最重要、最基本的义务。如果合作开发人不按合同约定的分工进行研究开发工作,或者不按照共同制订的研究开发计划进行工作,都会造成研究开发工作的延误、停滞,甚至会因错过最佳的研究开发条件和机会而造成研究开发工作的失败。对此负有责任的合作开发人一方或各方理应承担违约责任。

（三）不按约定协作配合研究开发工作。根据《合同法》规定，合作开发合同的各方当事人负有协作配合完成研究开发工作的义务。各方只有进行及时、密切的合作，才能保障研究开发工作的顺利进行。如果合作开发人在研究开发过程中各行其是，遇有重大的技术难题或其他重大的问题也不互相通报，往往会导致研究开发工作进展缓慢，甚至造成延迟、停滞或失败。

在实践中，合作开发合同的当事人因主观或者客观原因，在履行合同过程中的某些环节上有违反合同约定的义务的行为，但情节甚微、细小或者经及时纠正补救后没有对研究开发工作造成消极影响，则不按违约行为处理，因此也不用承担违约责任。

合作开发人的违约行为具体应当承担什么样的违约责任，应当适用《合同法》第七章的规定。合作开发合同的当事人可以在合同中约定，一方违反合同时，向另一方支付一定数额的违约金；也可以约定因违反合同而产生的损失赔偿的计算方法。也就是说，当事人违反合作开发合同承担的责任方式主要是支付违约金和赔偿损失。当然，还可能承担其他的一些民事责任，如停止侵害、消除影响、赔礼道歉等。

基于合作开发合同产生的发明创造的专利申请权及专利权归属于谁？

🅐 合作开发合同的发明创造作为合作开发合同的标的，是由合作开发人共同投资、共同研究开发成功的，并且由于合作开发人对研究开发中的风险共担责任，因此，依照权利与义务相一致的原则，合作开发人理应对合作开发过程中完成的发明创造共享权利。但这仅仅是一般的原则，合作开发人虽共同投资、共同进行开发研究，但各合作开发人可以在合作开发合同中约定不同的投资比例、不同的分工，分别承担设计、工艺、试验等不同阶段或不同部分的研究开发工作。因而，合同法以及相关法律允许合作开发人在合作开发合同中对发明创造的权益的归属和分享进行约定，表现在对合同开发的发明创造的专利申请上，双方当事人可以在合作开发合同中约定专利申请权归一方或双方，但当合同对此未作约定时，申请专利的权利属于完成发明创造的双方共有。

在前述基础上，当事人各方根据具体情况，还应承担下列义务或享有相关权利。

（一）一方转让其共有专利权的，另一方或其他各方可享有在同等条件下的优先受让权。

（二）合作开发各方中一方声明放弃其共有的专利申请权的，可由另一方单独申请，或者由其他各方共同申请。

（三）发明创造被授予专利权后，放弃专利申请权的一方可以免费取得该项专利的普通实施许可，该许可不得撤销。

（四）一方不同意申请专利的，另一方或者其他各方不得申请专利。

实践中，合作开发合同当事人以合同条款约定成果分享的情形主要有下列几种。

（一）约定研究开发成果的专利申请权不为各方共有，而归一方当事人所有。但享有专利申请权的一方当事人可按约定将由此取得的经济利益向其他当事人做适当补偿。

（二）约定向合同外第三人转让研究开发成果时，应经合作各方当事人协商一致，由此取得的经济利益由各方分享。

（三）某种情况下，当事人各方还可以在合同中约定对技术成果权的分享份额及各自享有的专利申请权。

（四）约定由当事人一方享有对合作开发技术成果的独占

使用权或转让权,但取得这种权利的当事人应向其他各方当事人支付约定的价金。

【案例】 合作开发合同中发明创造归属与分享问题

案例简介:某燃气用具厂与某电器研究所签订共同开发微型采暖炉协议约定,由燃气用具厂提供研究场所和实验场地等,双方分别出资60万元,研究所派出若干技术人员与燃气用具厂专业人员组成课题组共同进行研究,研究人员报酬由各自单位支付。研究成功,利益共享;研制失败,责任各负一半。签约后,双方按照合同约定组成课题组进行研究,经共同努力,终于使采暖炉研制成功。燃气用具厂投产后又向专利局申请专利,研究所了解该情况后向专利局提出异议,认为其应为该专利申请人。该案中,研究所的异议应否得到支持?[1]

知识点:本案中,研究所与燃气用具厂共同投资,共同

---

[1] 关键主编:《技术合同》,中国民主法制出版社2003年版,第171页。

派出科技人员组成课题组进行研究,对采暖炉技术的研制成功均付出了相应的劳动,应确认为共同发明人。同时,双方在合同中还明确约定研究成果由双方共同享有,因此,采暖炉技术应由研究所与燃气用具厂双方共同享有,燃气用具厂未经研究所同意,擅自申请专利权违反了合同约定及法律规定。

第三章 技术转让合同

技术转让合同的内容包括哪些?

答 在当今社会,科技的发展日新月异,相较于以往,技术转让活动愈发频繁。技术转让,顾名思义,是指技术在不同的法律主体之间的转移。在社会主义市场经济的条件下,技术成果是独立存在的知识形态的商品。技术转让已经成为在市场机制下科学技术知识的传播、扩散、辐射和科技成果的推广、应用的基本形式,成为依靠科学技术进步促进经济、社会发展的有力杠杆。

《合同法》所称的"技术转让"是一个严格的法律范畴。技术作为智力劳动的产物,是无形的;作为一种知识信息,可以为多个主体所掌握和利用；技术一旦公之于世，将进入公有领域，为整个社会所知悉。为使一项技术成果进入市场后按价值规律和竞争法则进行交换、转让、流通，必须建立技术有偿转移机制，确认法律主体对其拥有的技术成果所享有的法权。而技术转让合同在加速科技成果的推广应用、促进科技成果转化为现实生产力的过程中发挥着非常重要的作用。《合同法》第十八章中对技术转让合同的内容予以规定。

技术转让合同，是指合法拥有技术的权利人，包括其他有权对外转让技术的人，将现有特定的专利、专利申请、技术秘密的相关权利让与他人，或者许可他人实施、使用所订立的合同。但技术转让合同不包括尚待研究开发的技术成果或者不涉及专利、专利申请或者技术秘密的知识、技术、经验和信息所订立的合同[1]，前者应按委托开发合同处理，后者则视其具体内容归入技术咨询合同或者技术服务合同中。根据《合同法》第三百四十二条规定，技术合同转让的内容包括如下四类。

（一）专利权。专利权转让合同是专利权人作为让与人将

---

[1] 参见《最高人民法院关于审理技术合同纠纷案件适用法律若干问题的解释》第二十二条。

其发明创造专利的所有权或持有权移交受让人，受让人支付约定价款所订立的合同。专利制度是保护发明创造专利权，促进发明创造的推广应用，推动科学技术发展的法律制度。根据我国《专利法》，发明创造的专利申请经专利局受理和审查，凡符合《专利法》的有关规定，将授予专利权。《专利法》所称的发明创造，是指发明、实用新型和外观设计。其中发明是指对产品、方法或者其改进所提出的新的技术方案。实用新型是指对产品的形状、构造或者其结合所提出的适于实用的新的技术方案。外观设计是指对产品的形状、图案、色彩或者其结合所作出的富有美感并适于工业上应用的新设计。因此，专利权转让合同包括发明专利权转让合同、实用新型专利权转让合同和外观设计专利权转让合同。

（二）专利申请权。专利申请权转让合同是让与人将其就特定的发明创造申请专利的权利移交受让人，受让人支付约定价款订立的合同。需要指出的是，专利申请权转让合同的让与人必须是就某项发明创造享有申请专利的权利的单位或个人。

（三）技术秘密。技术秘密转让合同是让与人将拥有的技术秘密成果提供给受让人，明确相互之间技术秘密成果的使用权、转让权，受让人支付约定使用费订立的合同。对于技术秘密转让合同，让与人与受让人之间，第一，必须有技术秘密的转移；第二，必须就该项技术秘密成果的使用权、转让权作出安排；第三，必须就所约定的技术秘密成果的权属关系明确当事人双方的保密义务。这是因为技术秘密成果的使用权、转让权只能依合同约定的保密义务维持。

（四）专利实施许可。专利实施许可合同是专利权人或者其授权的人作为让与人许可受让人在约定的范围内实施专利，受让人支付约定使用费所订立的合同。专利权是专利权人实施其发明创造的排他权利。除法律另有规定外，任何人实施专利都必须与专利权人订立书面实施许可合同，向专利权人支付使用费。专利实施许可合同与专利权转让合同不同，它不是整个专利权的移交，而是许可受让人在一定范围内实施发明创造专利。因而，它是让与人和受让人之间转让专利实施权所订立的合同。

需要说明的是，《技术合同法》将技术转让合同的内容分成了四类，目的在于明确不同技术交易方式的当事人之间的权利、义务与责任，这些规定不影响当事人从实际出发，订立包括不同技术交易方式的技术转让合同，也不影响将不同技术转让合同合订为一个合同。事实上，多数专利实施许可合同附带技术秘密的转让,有些还包含技术服务的内容。在这种情况下,不同性质的技术交易活动,适用于《合同法》关于不同技术转让合同的规定。

技术转让合同应当采取何种形式?

答 技术转让合同是一类较为特殊的合同,其所涉内容复杂繁多,涉及转让技术的范围、转让的对象、受让人使用技术的方式和范围、技术的保密、使用费的支付,以及对使用技术产生的新技术成果之归属等诸多问题,技术转让合同涉及专利的还要明确专利申请日、申请号、专利号和专利权的有效期限,故较之一般合同更容易发生纠纷。所以,为了明确责任,清晰当事人之间的权利义务,依据《合同法》第三百四十二条规定,技术转让合同应当采用书面形式,有的还需要履行特定手续。此处用词"应当",即说明技术转让合同是以签订书面合同为生效要件的,为要式合同。

此外,合同须采用书面形式的优势也有很多,一方面口头承诺难以记录约定事实之存在,而通过书面方式有利于当事人权利义务关系的明确,有据可查,有法可依,能够促使合同当事人依照约定事宜履行合同，避免纠纷的发生；另一方面也有利于纠纷发生后的问题解决。

技术转让合同可以约定的转让范围有哪些？不得约定的内容是哪些？

答 转让技术或者许可他人实施技术，都应当明确范围。关于技术转让合同中双方可以约定的实施和使用技术成果之范围以及不得约定之内容，有如下几个方面。

（一）基本原则。《合同法》在我国科技工作中引入了市场经济的竞争机制和约束机制，充分保护技术转让合同的当事人约定实施和使用技术成果的范围的权利，但又不允许通过合同条款非法垄断技术，阻碍技术竞争和技术进步，以维护公平竞争的经济环境和秩序。对此，《合同法》第三百四十三条规定："技术转让合同可以约定让与人和受让人实施专利或者使用技术秘密的范围，但不得限制技术竞争和技术发展。"

（二）关于约定实施专利的范围。让与人和受让人约定的实施专利的范围，是指实施专利的期限、地区和方式。所谓实施期限，是指当事人可以约定专利实施许可为整个专利存续期间,也可以约定专利实施许可为专利存续期间中某一段时间,但不得在专利权终止以后继续订立专利实施许可合同。合同没有载明实施期限的,按司法实践,应视为在整个专利存续期间的实施许可。所谓实施地区,是指当事人可以约定专利实施许可为在我国全境内的实施许可,也可以约定为仅在我国特定地区的实施许可。合同没有载明实施地区的,视为在我国全境内的实施许可。所谓实施方式,是指当事人可以约定专利实施许可采取下列类型和方式:对于发明或者实用新型的专利产品,依据《专利法》的规定,实施专利指以生产经营为目的制造、使用、销售和进口专利产品,专利实施许可合同约定的方式实施,可以是制造许可、使用许可、销售许可、进口许可,也可以包含制造、使用、销售等实施权的产品实施许可。对于方法发明专利,可以约定在多个领域或者用途的实施许可。对于权利要求中包括独立权利要求和若干个从属权利要求的专利,可以在整个权利要求范围内订立专利实施许可合同,也可以分别就不同从属权利要求订立专利实施许可合同。此外,当事人还可以按不同实施条件订立普通实施许可、排他实施许可、独占实施许可和可分售实施许可。

(三)关于约定使用技术秘密的范围。当事人可以在技术转让合同中约定让与人和受让人使用技术秘密成果的地区和方式。所谓使用技术秘密的地区,是指当事人可以约定许可受让人在我国境内或者在我国境内某一地区使用该项技术秘密成果。所谓使用技术秘密的方式,指当事人可以约定许可受让人将该项技术秘密成果用于任何目的和途径,也可以约定只许可该项技术秘密成果用于制造特定的产品、用于某种特定目的,或者用于实现某一特定用途。为明确上述使用技术秘密的范围,当事人之间可以在合同中确定技术秘密成果的使用权、转让权的边界,明确相应的保密义务。这样,技术秘密转让合同也可以采取类似于独占实施许可、排他实施许可和普通实施许可的形式。但与专利实施许可不同的是,技术秘密转让合同的当事人,一方不得限制对方使用技术秘密的期限。这是因为当事人之间关于实施专利期限的约定受专利权有效期限的约束。而对于技术秘密成果,只要尚未进入公有领域,将始终处于受保护的状态。

(四)关于不得限制技术竞争和技术发展规定的条款。当事人不得以合同条款实现对技术的非法垄断,不得限制技术竞争和技术发展。这是《合同法》的重要规定。所谓非法垄断技术,是指通过违反法律基本原则的手段,谋求对某项技术成果或技术优势的独占和垄断地位。典型的行为是利用合同条款限制对方在合同标的技术的基础上进行新的研究开发,限制对方从其他渠道吸收技术,或者阻碍对方根据市场的需求,按照合理的方式充分实施专利和使用技术秘密成果。其具体表现有:(1)在订立技术转让合同时,一方不向对方转让先进、适用技术,相反,要求对方购买不需要的技术、设备、产品,以此作为搭配条件;(2)在订立技术转让合同时,一方试图成为对方技术成果的独家供方,运用合同条款限制对方从不同渠道选择和受让技术,采用类似技术或者竞争技术;(3)在订立技术转让合同时,运用合同条款限制对方购买有利于实施专利或者使用技术秘密成果的材料、设备和产品;(4)在技术转让合同中,运用合同条款限制对方实施专利、使用技术秘密成果的规模、产品数量和价格;(5)在技术转让合同中,运用合同条款限制对方在技术秘密转让合同期满后继续使用技术秘密;(6)运用合同条款提出限制条件,要求对方在专利权有效期限终止或被宣布无效后继续支付专利使用费和承担其他义务;(7)独占许可合同的受让人在取得专利实施许可后不实施专利,或者技术秘密转让合同的受让人在取得技术秘密成果并约定让与人不向第三方转让技术秘密成果的情况下不使用该项技术秘密成果,通过封存先进技术,维持其现有技术优势;(8)运用合同条款限制对方在取得专利实施许可或技术秘密成果的基础上进行新的研究开发和创新改进,或者要求受让人无偿后续研究开发成果;(9)合谋规避国家计划许可合同和国家订货任务合同,隐瞒重大研究开发成果及其技术资料,将其据为己有,拒绝执行国家对重大科技成果在指定单位推广使用的决定。以上九类非法垄断技术的条款不得约定,约定则无效。

专利权人转让专利的禁止性规定有哪些?

答 专利转让是拥有专利申请权和专利权人把专利申请权和专利权让给他人的一种法律行为,《专利法》规定专利权和专利申请权可以转让。专利转让一经生效,受让人取得专利权人地位,让与人丧失专利权人地位,但专利权转让合同不影响让与人在合同成立前与他人订立专利实施许可合同的效力,合同另有约定的除外。原专利实施许可合同所约定的权利义务由专利权受让方承担。另外,订立专利权转让合同前,让与人已实施专利的,除合同另有约定,合同成立后让与人应当停止实施。根据《合同法》第三百四十四条规定可知,专利权人转让专利的禁止性规定如下。

（一）专利权人订立专利实施许可合同时，合同只在该专利权存续期间内有效，即不得超过专利权存续期间。

（二）专利权有效期限届满或者专利权被宣布无效的，专利权人不得就该专利与他人订立专利实施许可合同。根据《专利法》第四十二条规定，自专利申请日起，发明专利权的期限为20年，实用新型专利权和外观设计专利权的期限为10年，一旦超过专利的有效期限，专利权即终止，专利进入公有领域，任何人都可无偿使用。专利权有效期限届满，则专利权人订立的合同丧失其存在基础，专利权人不得就该专利与他人订立专利实施许可合同，已经订立的应当确认无效。

【案例】 专利转让后让与人未提供技术服务且专利被宣布无效，受让人如何维权？

案例简介：1995年8月6日，上海创新技术研究所与沈福根签订一份专利权转让合同。合同约定：沈福根将其"多彩集束笔"的专利权技术转让研究所；研究所支付技术入门费1万元，并保证具有实施专利的一切设备资金条件。沈福根提供专利文件及技术资料并免费技术服务及技术培训，直至产品试制完成。在合同签订后，研究所委托黄岩某模具厂开模二套。后合同履行中沈福根未能提供技术服务，引起纠纷。诉讼期间"多彩集束笔"专利权被专利复审委员会宣告无效。

法院审理后判决，双方所签订的合同无效，沈福根返还研究所技术入门费16 296元，并赔偿模具损失11 300元，研究所返还被告多彩集束笔模具一套（六副），模具由被告自提，运费由被告自理。[1]

知识点：本案涉及的专利权已被复审委员会宣告无效，则根据规定宣告无效的专利视为自始不存在，因此双方所签订的专利权转让合同为无效的合同。沈福根应当承担因合同无效给受让人造成的损失。无效宣告决定对之前人民法院作出并已执行的专利权处理决定、已履行的专利实施许可合同和专利权转让合同不具有溯及力，但专利权人恶意给他人造成损失的，应予赔偿。本案中沈福根未能为研究所提供技术服务，主观上有过错，应返还研究所入门费并赔偿损失，法院判决恰当。

---

[1] 参见上海市中级人民法院（1992）沪中经字第199号民事判决书。

专利实施许可合同让与人的法定合同义务有哪些?

答 根据《合同法》第三百四十四、三百四十五条规定，专利实施许可合同让与人的法定合同义务如下。

（一）维持专利有效性的义务。《合同法》第三百四十四条规定：专利实施许可合同只在该专利权的存续期间内有效。专利权有效期限届满或者专利权被宣布无效的，专利权人不得就该专利与他人订立专利实施许可合同。该义务首先是指支付专利年费。通常，专利年费一般由让与人支付，也可以根据合同规定由受让人支付年费，然后再从许可使用费中补偿受让人所支付的年费。在前一种情况下，让与人通过支付年费来维护合同标的赖以存在的专利权，是让与人本身应负的重要义务。

由于让与人未交年费的过错而导致专利权失效，受让人可以依《专利法》规定的失效期限之日起停止支付许可使用费，即：在技术合同有效期内专利权被终止的，合同同时终止。

此外，专利权由于让与人未交年费而突然失效，使受让人在市场上失去了制造和销售专利产品的有力竞争地位，其他竞争者开始制造和销售许可项下的专利产品，将使受让人遭受经济损失，让与人还应承担支付违约金或赔偿损失的责任。

（二）向受让人交付实施专利有关的技术资料的义务。《合同法》第三百四十五条规定：专利实施许可合同的让与人应当按照约定许可受让人实施专利，交付实施专利有关的技术资料，提供必要的技术指导。这一义务包括提供情报、图表、设计文件及实施专利所必需的其他技术资料。当这些技术资料涉及某些受让人实施专利技术所必需的技术秘密时，双方还可以另外订立非专利技术转让合同，也可以订立专利技术和非专利技术的混合性技术转让合同。

（三）按照合同约定提供必要的技术指导的义务。所谓提供必要的技术指导，指的是让与人应依合同约定协助受让人实施被转让的专利技术，帮助受让人解决专利技术实施过程中出现的问题，为受让人培训人员，协助进行设备安装、调试等。让与人履行上述义务的标准，应达到同行一般专业技术人员能够实施该项发明创造专利的程度。

这里需要说明的是，专利实施许可合同可以采取普通实施许可、排他实施许可、独占实施许可等类型。对不同的许可形式，让与人的义务又有很大不同，具体如下。

（一）普通实施许可合同。普通实施许可合同是最基本的实施许可合同。订立普通实施许可合同后，让与人可以在已许可受让人实施专利的范围内，就该项专利与第三方订立专利实施许可合同，让与人自己也可以实施该项专利的权利。毋庸置疑，在普通实施许可的情况下，专利权归让与人所有或者持有，受让人可行使非独占的专利实施权。当事人可以就整个专利实施权订立普通实施许可合同，也可只就其中部分实施权订立实施许可合同。

（二）排他实施许可合同。排他实施许可合同是让与人和受让人约定分享专利实施权的协议。订立排他实施许可合同后，让与人不得在已许可受让人实施专利的范围内，就该项专利与第三方订立专利实施许可合同，但让与人可保留自己实施该项专利的权利。当然，在排他实施许可的情况下，专利权仍归让与人所有或者持有，但专利实施权为让与人和受让人共有，排除第三者取得该项专利的实施权。当事人可以就整个专利实施权订立排他实施许可合同，也可只就其中部分实施权订立排他实施许可合同。

（三）独占实施许可合同。对独占实施许可合同来说，让与人不得在已许可受让人实施专利的范围内，就该项专利与第三方订立专利实施许可合同，自己也不得实施该项专利。独占实施许可的特征是：专利权仍然归让与人所有或者持有，但专利实施权由受让人一方行使，让与人自己也不实施专利。和排他实施许可的情况一样，独占实施许可合同可以就整个专利实施权订立独占实施许可合同，也可以就在一定期间、一定地区、一定方式的专利实施权订立独占实施许可合同。在后一种情况下，独占实施许可合同的成立不影响让与人在合同约定的范围以外实施专利或者许可第三者实施专利。此外，独占实施许可合同不妨碍国家根据《专利法》第十四条规定实施计划许可。

除以上所述的三项主要义务外，让与人还应按照合同的约定承担以下合同义务。

第一，如实地向受让人说明专利权保护范围的义务。让与人有义务向受让人说明专利权的确实保护范围，这样可以避免使受让人自己来解释专利权（或专利申请请求权）的保护范围。此外，让与人不得有意扩大专利保护范围，否则，受让人有权解除部分合同，或者根据合同条件的改变要求减少使用费。

第二，承担合同约定的技术性能担保的义务。在让与人于合同中作出了对许可实施的专利技术性能的担保的情况下，如果该专利技术在实施过程中没有达到让与人许诺的技术性能，可视为违约，受让人有权请求让与人赔偿损失。此处应当注意的是，让与人所作出的许可专利技术的技术可实施性担保，与受让人本身能否顺利实施该项专利技术并非一个问题。因为在不少情况下，并不是由于让与人所提供的专利技术不成熟，而是由于受让人的工厂还不具备实施该专利技术的条件而导致无法顺利实施。此时，受让人无权借口专利技术缺乏生产的成熟性而解除合同或不履行支付使用费的义务。让与人也有权请求受让人就技术的不成熟性提出证据。

第三，对专利权完整性的担保义务。此处按照合同订立的时间段分为在订立合同时对专利权完整性的担保和订立合同之后对专利权完整性的担保。（1）订立合同时，让与人应向受让人如实指出该专利权的真实和完整程度，在一般情况下，应保证该专利权在签订合同时不存在任何一个明显的专利缺陷。（2）订立合同后，让与人对专利完整性所承担的担保义务与签订合同时应承担说明专利权事实的状况的义务是不同的。由于在合同订立之后出现的权利缺陷，即使让与人事先给予应有的注意，也不能阻止其发生（诸如该专利权后经查实不具备专利性，或该专利技术由于技术原因无法实施等），因此在实践中，让与人一般不会同意承担对其专利权将来不会出现权利缺陷的义务。因此，当有关权利缺陷出现时，受让人一般无权要求解除合同，但却可以要求减少使用费，即合同当事人双方应当对订立合同后出现的客观风险共担责任。

专利实施许可合同受让人的法定合同义务有哪些？

❷《合同法》第三百四十六条规定，专利实施许可合同的受让人应当按照约定实施专利，即在技术合同约定的范围内实施专利，不得许可合同约定以外的第三人实施该专利，并按照合同约定支付使用费。这是受让人的主要义务，也是法定义务，具体如下。

（一）支付使用费的义务。支付使用费是受让人的主要义务，使用费可以理解为受让人对专利权人转让其专利使用权的报酬。逾期一定期限不支付技术使用费的，让与人有权解除合同。受让人应当补交使用费，支付违约金或者赔偿损失。

（二）依照合同规定实施专利的义务。在实践中，让与人往往要求受让人承担实施专利的义务。尤其是在合同价款采取提成支付的情况下，通过受让人履行实施专利的义务，可以使让与人获得对方实施其专利的最大利润,因此受让方的实施义务包括:(1)在一定时间内将专利产品投入生产;(2)行使合同所约定的权利;(3)在一定范围内生产专利产品并做相应的推销工作。

关于以上受让人的法定合同义务,需要说明几点。

第一,以上这些义务不仅是普通实施许可合同的受让人的主要义务,而且也是排他实施许可合同和独占实施许可合同的受让人的主要义务。也就是说,本条关于受让人主要义务的规定适用于各种实施许可合同。

第二,本条所称按照实施专利,是指在合同约定的期限、地域,按约定的方式实施专利。所称的不得许可合同约定以外的第三人实施该专利,是指受让人在未取得让与人在转让许可的情况下,无权许可任何第三人实施该专利。至于在专利实施许可合同中,当事人明确约定受让人可以许可第三人实施该专利的,受让人可以在约定的范围内与第三方订立再转让的专利实施许可合同,许可第三方实施专利,但这种再转让许可应为普通实施许可。

第三,受让人按照约定支付使用费,是指按合同约定的支付方式支付使用费。在约定提成支付的情况下,还应为让与人查阅有关会计账目提供方便。

技术秘密转让合同让与人的法定义务有哪些?

答 技术秘密转让合同是指让与人将所拥有的技术秘密成果提供给受让人,明确相互之间技术秘密成果使用权、转让权,受让人支付约定使用费所订立的合同。根据《合同法》第三百四十七条,技术秘密转让合同的让与人的法定义务有以下几项。

(一)让与人应当按照合同约定提供技术资料,进行技术指导,以便受让人能够使用和实施该项技术秘密。技术秘密转让合同的让与人作为该技术秘密、技术资料和使用方法的直接所有人,在转让技术秘密的同时,有义务按照合同约定向受让人提供相关技术资料,并在约定范围内进行技术指导。

(二)让与人应当保证技术的实用性、可靠性。作为技术转让合同标的的技术秘密,必须同时具备"已知性""秘密性"和"实用性"。所谓"已知性"是指该项技术秘密成果在订立技术转让合同时,对让与人来说是已知的,是已经开发成功的技术成果,而不是尚待研究开发的未知的不可靠的技术。"秘密性"是指该项技术只能是在一定范围内由让与人等特定人员所掌握和知晓的技术，而不是已经在社会上公开，广为人知的技术。"实用性"是指该项技术能够应用于生产实践，并能够产生良好的社会经济效益。由于技术秘密是没有申请专利的，不像专利那样经过国家知识产权局审查并拥有法律来保证其实用性和可靠性，所以让与人必须自身承担该保证义务，若该义务无法履行则应承担相应违约责任。

（三）让与人应当承担保密义务。由于技术秘密成果不像专利那样通过法律公示授权来保护它的独占权，只能靠技术保密来维护它的事实上的独占权，一旦泄密公开其独占权就丧失，因此，技术秘密转让合同当事人都负有按照合同约定彼此承担保守技术秘密的义务。此外，技术秘密转让合同中如果约定的是独占性转让，那么在合同生效后，该项技术秘密的主要技术权益属于技术秘密转让合同中的受让人。为了保障受让人该项技术秘密的技术权益不受侵害，技术秘密转让合同的让与人有义务对该项技术秘密的相关技术资料和使用方法承担保密义务，不得泄露给第三人，并不得在受让人使用该项技术秘密的范围内使用该技术秘密和就同一技术秘密再与第三人订立相同的技术秘密转让合同。

技术秘密转让合同的受让人的法定义务有哪些?

答 由《合同法》第三百四十八条可总结出技术秘密转让合同受让人的法定义务如下。

第一,受让人应当按照约定使用技术秘密,支付使用费;

第二,受让人未经让与人同意,不得擅自许可第三人使用该项技术秘密;

第三,受让人使用技术秘密不得超越合同约定之范围;

第四,受让人应当承担保密义务。技术秘密成果一旦失密,也就不能成为技术秘密了,故受让人应当按照合同约定采取保密措施,维护让与人和自己的合法权益。技术秘密转让合同受让人应积极履行上述义务,同时享有实施该项技术、接受让与人提供的技术资料和技术指导的权利,让与人逾期两个月没有按合同约定提供技术资料和技术指导的,受让人有权解除合同。

【案例】 **技术秘密被公开,让与人如何维权?**

案例简介:1998 年 2 月 3 日,甲化工研究所与乙塑料厂签订了一份技术秘密转让合同,合同约定:甲化工研究所将其研制的"BE2 型胶凝剂"技术转让给塑料厂,负责提供全部技术资料和技术指导;塑料厂支付转让费 7 万元给研究所,并负有对该项技术的保密义务;如有一方违约,应向另一方支付违约金 1.5 万元。合同生效后,甲化工研究所将该项技术的全部技术资料交给乙塑料厂,并派技术人员进行技术指导,直至乙塑料厂的技术人员全部掌握了该项技术。乙塑料厂依约支付了技术转让费,并在约定的范围内实施了该项技术进行生产。后来,乙塑料厂为牟利又将该项技术资料提供给了另一城市的两个塑料厂,这两个厂也实施了这项技术并投入生产,并使技术公开。甲化工研究所之后以违约为由,将乙塑料厂诉至法院。[1]

知识点:秘密性是技术秘密价值性的基础,失去它,技术秘密就丧失了作为技术贸易标的的前提,因而法律明确规定了技术转让合同中受让人的保密义务,即受让人应当按照

---

[1] 吴合振主编:《合同法理论与实践应用》,人民法院出版社 1999 年版,第 250 页。

约定的范围和期限，对让与人提供的技术中尚未公开的部分承担保密义务。受让人违反了保密义务，即构成违约，应当承担违约责任。本案中，甲化工研究所依约履行了合同，提供了技术资料和技术指导，而乙塑料厂虽然支付了转让费却违反了保密义务，为牟利将技术秘密泄露给另外两家塑料厂，以致技术被公开，乙塑料厂应当向甲化工研究所支付违约金并赔偿损失。

让与人转让技术的前提条件有哪些？

❓《合同法》第三百四十九条规定，技术转让合同的让与人应当保证自己是所提供的技术的合法拥有者，并保证所提供的技术完整、无误、有效，能够达到约定的目标。根据该条规定，技术转让合同的让与人在转让技术前，必须对转让的技术享有合法的权利，并且对技术内容有足够的条件使受让人实现合同目的，因此，让与人转让技术前提条件的具体表现如下。

（一）保证自己是所提供技术的合法拥有者。技术转让合同的标的是无形的技术成果，它既可以独立存在，也可以表现在图纸、资料、磁盘等物质载体中。由于技术转让合同中转让的是技术权益，主要是技术的使用权，完全靠受让人难以鉴别把握，尤其是图纸、资料、磁盘等技术存在物质载体的拥有人不是该技术的合法拥有者的情况，此时就更加无法把握。

（二）保证所提供的技术完整、无误、有效，能够达到约定的目标。技术转让合同标的技术是现有的、特定的、完整的和相对成熟的技术成果，并能达到约定的目标。只有能够用于生产实践，有助于开发新型产品、提高产品质量、降低经营成本、提高管理水平和经济效益的技术才可以转让，非法、无效的技术不得转让。

技术转让合同的受让人可以公开的合同秘密范围是哪些?

答 技术转让合同中受让人有法定的保密义务，根据技术秘密的特点，秘密性构成了技术秘密价值的根本基础。而受让人可以公开的合同秘密范围不包括其保密义务的内容。对此，《合同法》第三百五十条特别规定，技术转让合同的受让人应当按照约定的范围和期限，对让与人提供的技术中尚未公开的秘密部分，承担保密义务。

这项规定主要是基于技术转让合同的多样性而言的。比如，当事人为了更有效地维护自己的合法权益，在不影响专利授予的情况下留有技术秘密，其他人只有掌握了技术秘密才能更有效地实施该项专利。在涉及专利的技术转让合同中，当事人也存在技术保密的问题，当事人应当对该技术秘密的保密范围、期限、措施进行约定。技术转让合同受让人应当按照约定的范围和期限，对让与人提供的技术中尚未公开的秘密部分保密。如果保密期限届满，该项技术的秘密部分仍未公开，应当继续签订保密协议；如果在保密有效期内，让与人已经公开该项技术的秘密部分，受让人不再单方面承担保密义务。

技术转让合同的违约情形有哪些？

答 技术转让合同的违约情形分为让与人违约和受让人违约，《合同法》第三百五十一、三百五十二条有详细规定。

（一）让与人违约的情形。让与人未按照约定转让技术；实施专利或者使用技术秘密超越约定的范围；违反约定擅自许可第三人实施该项专利或者使用该项技术秘密；违反约定的保密义务。

（二）受让人违约的情形。受让人未按照约定支付使用费；不补交使用费或者支付违约金；实施专利或者使用技术秘密超越约定的范围，未经让与人同意擅自许可第三人实施该专利或者使用该技术秘密；违反约定的保密义务。

需要说明的是，上述列举的是法定违约情形，而基于合同自由原则，当事人依法享有自愿订立合同的权利，任何单位和个人不得非法干预。因此技术让与人和受让人可以自由约定合同内容，违约责任实则是开放性的，并不限定于上述列举。例如，合同双方约定，技术受让人运用技术所生产的商品应当首先供给让与人一方，如果受让人将商品优先卖与他人即为违约。另外，合同相关约定必须是合法且不违反善良风俗的。

【案例】 张英华诉广州市奥康保健品有限公司技术秘密泄露案

案例简介：2006年3月3日，广州市奥康保健品有限公司（以下简称"奥康公司"）的法定代表人刘茂玉与技术持有人张英华签订《技术转让合同书》，张英华将其所有的"驼马牌盈美胶囊"保健食品的技术有偿转让给奥康公司。合同签订后，奥康公司依约向张英华支付转让费30万元，随后相关产品即投入生产。但是由于奥康公司不具备生产保健食品资质条件，其遂与广东一方制药有限公司于2006年4月30日，签订《盈美胶囊合作协议》，约定由奥康公司出资购得"驼马牌盈美胶囊"批准文号及办理相应变更事宜，由广东一方制药有限公司按照技术要求及国家标准生产上述产品。此外，在办理相关行政审批手续时，奥康公司向中介方李小林传真了药品技术相关资料，包括"驼马牌盈美胶囊"的批文证书以及说明书，包含内容仅明确了该产品的原料、成分含量以及食用方法等，并无该产品生产制备方法的相关技术细节。张英华得知后向法庭主张，奥康公司违反了保密义务，应承担赔偿责任。

  法院认为，涉案"驼马牌盈美胶囊"相关技术资料具有秘密性，且双方在合同中已经约定了保密义务。关于委托广东一方制药有限公司生产产品是否构成泄密，法院认为广东一方制药公司既不是刘茂玉名下企业，亦非奥康公司的子公司，因此是技术转让合同第三方，向其透露技术信息即构成泄密。尽管奥康公司不具备生产保健品资质，但其委托第三方生产应事先经得技术让与人的同意，否则即是违约。

关于奥康公司向李小林传真资料是否构成泄密这一问题，法院认为：传真资料包括"驼马牌盈美胶囊"的批文证书以及说明书，包含内容仅明确了该产品的原料、成分含量以及食用方法等，并无该产品生产制备方法的相关技术细节。仅凭上述信息，任何合同外第三方均无法制备相同或类似产品。故奥康公司向李小林传真"驼马牌盈美胶囊"相关资料的行为，不应认定为向合同外第三方泄露技术秘密。[1]

知识点：《合同法》就技术合同的签订规定了保密义务，保密义务是双向的，技术出让人与受让人均受约束，不得向第三方透露技术秘密信息。但是《合同法》有合同自由原则，合同双方可以在具体订立合同时关于保密义务作具体商定。例如在本案中，如果奥康公司的法定代表人刘茂玉与技术持有人张英华在签订合同时明确达成合意，奥康公司可以委托第三方生产药物，那么本案所涉及的泄密纠纷也就不存在了。

---

[1] 参见北京市东城区人民法院（2008）东民初字第02215号民事判决书。

此外,合同双方亦可商定,在技术出让后,出让人是否可以另外将相关技术出让于其他人。如果技术开发者违背合同,擅自将技术转让给其他主体,则同样应承担违约责任。明确和详细的合同内容能够避免日后合同纠纷,防止合同双方产生不必要的损失。

技术转让合同的让与人违约后要承担什么法律责任?

❀ 《合同法》第三百五十一条规定,让与人未按照约定转让技术的,应当返还部分或者全部使用费,并应当承担违约责任;实施专利或者使用技术秘密超越约定范围的,违反约定擅自许可第三人实施该项专利或者使用该项技术秘密的,应当停止违约行为,承担违约责任;违反约定的保密义务的,应当承担违约责任。除《合同法》明确规定的责任形式外,合同双方还可以自由约定违约责任形式,例如自由约定违约金的数额等。但是约定法律责任不能违反法律或善良风俗。

需要注意的是,违约并不必然导致完全法律责任的产生,不可抗力、第三人过错以及双方违约等情形都可能导致责任的免除或者减轻。

【案例】 技术交接完全的判断标准

案例简介：2012年5月25日，北京海燕药业有限公司（以下简称"海燕公司"）与杭州茵诺邦医药科技有限公司（以下简称"茵诺邦公司"）签订合同约定，转让"磺胺米隆外用制剂及其制备方法"以及外用冻干醋酸磺胺米隆（0.5克/瓶）的临床批件所有权益，茵诺邦公司负责转让专利技术，将中试规模的制剂工艺及质控方法交接给海燕公司，指导海燕公司放大至可申报生产规模，并约定合同总额为人民币450万元，第一期人民币135万元。

合同签订后，茵诺邦公司向海燕公司履行了交付外用冻干醋酸磺胺米隆申报临床资料、制剂交接方案的义务，并依照合同约定转让了涉案发明专利；海燕公司向茵诺邦公司支付了合同首期款人民币135万元。后因茵诺邦公司在GMP冻干车间进行数次小试均未成功，致使项目不能在预期时间内顺利报产，海燕公司向茵诺邦公司发送律师函要求解除合同。双方产生纠纷，诉至法院。

滨江法院经审理认为，茵诺邦公司作为技术转让合同的让与人，应当保证其所提供的"外用冻干醋酸磺胺米隆"制剂工艺能够达到合同约定的目标。而在实际履行过程中，直至海燕公司发出律师函，茵诺邦公司仍未按照约定在海燕公司指定地点指导海燕公司进行工艺交接、保证海燕公司独自连续生产出符合合同要求的合格样品。因茵诺邦公司违约致使合同解除的，茵诺邦公司应承担向海燕公司支付逾期违约金、返还海燕公司已付款的违约责任。故判决茵诺邦公司返还海燕公司合同款人民币135万元并支付违约金。[1]

知识点：本案涉及对技术交接完成的判断问题，技术理论性强，属于技术转让合同的典型案例。原告虽已向被告转让技术方案以及发明专利，但并未遵循合同约定指导技术受让方，保证其能顺利生产，因此技术交接没有完成，进而违约。实践中，技术转让的完成通常不是以技术图纸、技术说明等文件的交接为标志，保证受让方能够顺利完成相应生产往往是关键。

技术转让合同的受让人如未按约定支付费用，后果如何？

答 根据《合同法》第三百五十二条规定，受让人如未按

---

[1] 参见杭州市滨江区人民法院（2014）杭滨知初字第627号民事判决书。

约定支付使用费的，应当补交使用费并按照约定支付违约金；不补交使用费或者支付违约金的，应当停止实施专利或者使用技术秘密，交还技术资料，承担违约责任。

事实上，上述法律规定的后果列举仅具有指导性功能，针对的是合同双方未就相关事宜进行约定的情形。基于合同自由原则，合同双方可就受让人未支付费用的情形自由约定后果，并且可以否定《合同法》所规定之法定后果。但需注意，约定后果不可违反法律禁止性规定或善良风俗。

【案例】 盛泰消音隔热材料有限公司诉张勇案

案例简介：原告盛泰公司与张勇于2015年7月24日签订一份技术转让合同，约定：盛泰公司向张勇转让三元催化器衬垫生产设备及技术配方一套，总计转让金额为180 000元；盛泰公司负责技术指导并保证产品完全达标（以用户能使用为准）。设备由张勇负责安装，盛泰公司提出安装建议并指导，生产工艺流程必须按盛泰公司要求，盛泰公司提供相关技术资料。盛泰公司去张勇处指导产生的一切费用由张勇负责。所有款项在张勇试产成功之日起六个月内付清。并约定，如一方违约，将向守约方支付违约金150 000元。按照合同约定，原告于8月21日通过物流公司把约定设备交付被告，并于8月25日派出技术人员上门指导安装和工艺流程现场指导。2015年9月10日试产成功。但被告并未按约支付款项，尚欠余款26 000元，上门指导的车旅费也未支付。

法院认为：原告盛泰公司与被告张勇签订的技术转让合同合法有效，应受法律保护。当事人应当按照约定全面履行自己的义务。盛泰公司已按合同约定交付设备并上门进行了技术指导，张勇应按合同约定履行付款义务，将剩余款项26 000元付清。合同约定技术指导产生的一切费用由张勇负责，故现盛泰所主张的车旅费968.5元，张勇应予支付。本案产生纠纷的原因是张勇未按时足额支付款项的违约行为，双方约定违约金150 000元，现盛泰公司主张按未付款项占总额的比例，要求张勇支付违约金22 470元。[1]

知识点：技术受让人应当按照合同约定支付技术转让费用，否则即承担违约责任。由本案可以知道，合同双方可以

---

[1] 参见江苏省宜兴市人民法院（2016）苏0282民初4087号民事判决书。

自由约定相关费用的承担形式，例如，本案双方约定技术指导过程产生的交通费、食宿费以及安装费等由技术受让人一方负责，当然实践中合同双方也可以约定相关费用由技术出让方负担。

受让人按照约定实施专利、使用技术秘密侵害他人合法权益的，应由谁来承担法律责任？

答 技术转让合同的实质是科学技术知识和生产实践经验在不同法律主体之间的传递和扩展。这种传递和扩展同时也是技术权益的转移，即采用合同形式把专利权、专利申请权、专利使用权和技术秘密的使用权转移给受让人。因此，转让人有义务保证受让人按照合同约定实施专利、使用技术秘密不会导致侵害他人合法权益的后果。因此，根据《合同法》第三百五十三条规定，受让人按照约定实施专利、使用技术秘密侵害他人合法权益的，由让与人承担责任，但当事人另有约定的除外。这里需要明确的是下列几点。

第一，只有在受让人严格按照合同约定实施专利、使用技术秘密的前提下，让与人才承担责任。例如，合同约定某项专利技术仅限于在上海地区投入生产，那么如果受让人将生产扩展于江苏，并在江苏发生他人权益侵害，则让与人不承担责任。

第二，受让人不存在过错。也就是说如果受让人在实施专利或使用技术秘密时存在失误，没有遵循正确的方法，那么因此导致的侵权责任可由让与人、受让人依照公平原则分别承担。但是，如果受让人故意利用专利或技术秘密手段造成他人伤害，则相关责任必然由受让人承担。

第三，基于合同自由原则，合同双方可以自由约定相关责任的承担方式，可以完全否定法律的规定，但不能违反法律禁止性规定和善良风俗。

在技术转让合同中实施专利、使用技术秘密的后续改进技术成果应如何分享？

答 受让人在实施专利或使用技术秘密过程中，会根据实践需求改进技术。改进后的技术比原技术更优，且包含了改进者的智慧和劳动，但却是在原技术基础上完成的。对于改进技术成果的归属问题，依照《合同法》第三百五十四条规定，相关问题依照三个步骤处理。

首先，双方订立合同中是否约定有相关内容，是否约定后续改进技术的成果分享问题，如果有约定，那么一切以合同约定为主；

其次，如果原合同没有约定，合同双方可以协商补充相关约定。如果无法达成补充协议，则按照合同双方以往达成的交易习惯来确定，或者对原合同相关条款进行解释以明确改进技术成果的归属；

最后，如果合同双方无法以上述方式解决问题，按照法律规定改进后的成果归改进方所享有，其他各方无权分享。

技术转让合同的让与人应当保证所提供的技术有哪些品质？

答 根据《合同法》第三百四十九条规定，首先，技术让与人应是技术的合法拥有者。需要注意的是，虽然技术的开发者合法拥有技术，但是如果开发者通过合同将技术转让于他人，则应依据具体合同内容判断其是否依然拥有转让技术的权利。

其次，技术转让人应保证技术完整、无误。也就是说转让人应将技术准确转让于受让人，如果仅告知了部分技术信息或者告知了错误的信息，无论是故意还是过失均构成违约。

最后，技术转让人应保证技术的有效性，能够达到约定的目标。转让人应当保证技术的实践效果，能够发挥应有的功能（判断依据主要是合同双方对于技术效果的共识或者是应有的共识）。例如，在合同磋商时，技术转让人承诺技术具有 A 级的效果，但实践操作中仅具有 B 级效果，即技术未能达到约定目标。

【案例】仁合汇金化工有限公司诉闽桂粉体有限公司案

案例简介：原告仁合汇金化工有限公司与被告闽桂粉体有限公司签订的合同约定，原告向被告支付 50 万元技术转让费，由被告向原告转让并培训人造大理石用重质碳酸钙制粉技术和碳酸钙制砂技术，并不得以任何形式再将技术转让于他人。原告支付转让费后即按被告要求投资 154 万元建造车间。被告却未能按约向原告转让任何技术，导致原告车间闲置。另外，被告将相关技术转让给了英良石业公司并以该技术合作生产该产品，导致原告的销货商英良石业公司不再购销原告的该产品，致使产品滞销给原告造成巨额经济损失。

法院认为：首先，原、被告双方签订的技术转让合同是双方的真实意思表示，未违反有关法律法规的规定，系有效合同。合同签订后，原告依约向被告支付50万元转让费，但被告并未按合同约定向原告提供任何技术转让，亦未培训相关技术人员，也没有进行产品试验，其行为构成违约。原告为进行技术改造，在银行贷款，并按被告要求兴建车间，因被告未提供相关技术指导和服务，导致车间闲置，原告贷款利息损失为237 600元。其次，原、被告签订的技术转让合同中明确约定甲方承诺该技术转让给乙方后，不再以任何形式转让他人，后被告与英良石业公司签订合作协议书，并生产重质碳酸钙粉。因原告与被告在签订技术转让协议前，原告一直在向英良石业公司供应该种产品，由于被告与英良石业公司的合作，造成原告产品滞销，其损失为244 605元。两项合计损失482 205元，应由被告承担赔偿责任。[1]

---

[1] 参见河南省南阳市南召县人民法院（2016）豫1321民初2107号民事判决书。

知识点：技术让与人应当按照合同约定转让技术，否则将承担违约责任。责任内容包括：(1)返还已获得的技术出让费；(2)赔偿受让人的相关投入，例如为运用技术生产产品而购买原材料、建设厂房、雇佣员工的支出；(3)受让人可能因此产生的其他损失。此外，本案中技术转让方违反合同约定，擅自将技术出让于第三方，由此导致了原告的产品滞销。该损失最终应由技术转让方来承担。实践中，当事人订立技术转让合同要提前明确可能的损失，并向对方说明，尽量避免己方、对方的违约。

第四章　技术咨询合同和技术服务合同

专利权有效期限届满后，之前签订的专利实施许可合同会有什么法律后果？

答 专利实施许可合同只在该项专利权的存续期间内有效。根据《专利法》规定，发明专利权的期限为20年，实用新型专利权和外观设计专利权的期限为10年，均自申请日起计算。在专利权有效期限终止或者专利权宣布无效后，专利权人不得就该项专利与他人订立专利实施许可合同。

专利实施许可合同的让与人应当在合同有效期内维持专利的有效性。在合同有效期内，专利权被终止的，合同同时终止，让与人应当支付违约金或者赔偿损失。专利权被宣布无效的，让与人应当赔偿由此给受让人造成的损失。因此，合同双方在订立专利使用许可合同时，被许可人一方应明确询问专利的有效期限，以免上当受骗招致损失，而专利权人应当告知对方专利有效期限，以避免潜在的合同纠纷。

【案例】 专利转让后专利权被终止问题的处理

案例简介：2001年2月12日，A公司与B公司签订《协议书》，约定B公司将其带边多用途复写纸实用新型专利（以下简称"涉案专利"）转让给A公司，转让费1万元。签订《协议书》的同日，B公司将前述专利的《专利证书》交给A公司，A公司也将1万元转让费交付B公司。双方2002年7月16日共同到国家知识产权局办理著录项目变更手续，但得知涉案专利由于未按规定的时间交纳年费及滞纳金，因此被国家知识产权局于2001年5月29日终止。

法院认为：首先，尚无充分证据证明被告在双方签约时已知晓涉案专利已被终止，故不存在被告以欺诈手段签约问题。其次，在涉案专利的专利权人正式变更为A公司前，《协议书》尚未履行完毕，因此B公司有义务维持涉案专利的有效性，那么涉案专利因未按规定的时间交纳年费而被终止的责任在于B公司。[1]

知识点：在专利所有权人变更完成前，专利转让人负有保障专利有效的责任，如果转让人明知专利无效仍然与他人签订专利转让合同则构成合同欺诈。

技术咨询合同的具体种类有哪些？

答 技术咨询合同，是指受托人运用自己的技术知识和技术手段，对委托人提出的特定技术项目进行可行性论证、技术预测、专题技术调查、分析评价等活动，委托人支付咨询费的

---

[1] 参见北京市第二中级人民法院（2003）二中民初字第185号民事判决书。内容有所改动。

合同。所谓"特定技术项目",包括有关科学技术与经济社会协调发展的软科学研究项目,促进科技进步和管理现代化、提高经济效益和社会效益等运用科学知识和技术手段进行调查、分析、论证、评价、预测的专业性技术项目。需要注意的是,当事人一方委托另一方就解决特定技术问题提出实施方案、进行实施指导所订立的合同,是技术服务合同,不适用有关技术咨询合同的规定。

因此技术咨询合同的核心在于咨询,咨询者因为信息的不对称或者专业知识的缺乏,有偿咨询在相关领域有专业知识的人。理论上讲,咨询的内容可以包括各个领域、各行各业的专业知识或信息,但是不包括涉及违法、犯罪事项的信息咨询。

【案例】 何为"以合法形式掩盖非法目的"?

案例简介:卢某原系湖南省煤炭坝能源有限公司职工。自1993年下半年开始,卢某违反本单位不得擅自为周边小煤矿提供技术服务的规定,会同双凫铺区煤矿(后改名为宁乡县大成桥乡四煤矿,2001年被宁乡县政府关闭),共同勘探、研

究。其间，卢某拿出所在单位属秘密级的采掘图纸设计了"通风井"（实为生产井）。1994年3月，双方签订了一份技术咨询合同，合同约定：卢某为双凫铺区煤矿提供技术咨询服务，从技术上指导煤矿每年开采煤8万吨以上，服务4年。煤矿每生产1吨煤向卢某支付咨询费0.4元，合同签订后，大成桥乡四煤矿已支付卢某报酬47 500元。但是1996年双凫铺区煤矿无故不再支付卢某咨询费用，卢某遂起诉。

法院经审理后认为：卢某违反规定擅自为周边地区小煤矿提供技术帮助谋利，违反了有关法律、法规及政策之规定，损害了国家和国有企业的利益，原、被告之间所签订的合同是以合法形式掩盖非法目的，该技术咨询合同属无效合同。[1]

知识点：技术咨询合同指当事人一方凭借技术知识为另一方解决特定技术问题所订立的合同。所解决的问题以及解决问题的途径应当是合法的，以违法内容或违法形式签订的技术咨询合同是无效的。

---

[1] 参见湖南省长沙市宁乡县人民法院（2015）宁民初字第06158号民事判决书。内容有所改动。

技术咨询合同委托人的法定义务有哪些?

答 根据《合同法》第三百五十七条规定,技术咨询合同的委托人应当按照约定阐明咨询的问题,提供技术背景材料及有关技术资料、数据;接受受托人的工作成果,支付报酬。

具体说来,首先,技术咨询委托人需要将希望咨询的问题表述清楚,并且提供相关的辅助信息。如果委托人因为最终的技术咨询报告不符合要求而主张违约责任,那么受托人可以以委托人问题表达不清楚或者信息披露不全面为由而主张免责。实践中,咨询合同受托人发现委托人提供的资料、数据等有明显错误或者缺陷,应当及时告知委托人,如果未在合理期限内通知委托人的,视为其对委托人提供的技术资料、数据等予以认可,事后不得因此主张免责。

其次,如果受托人按照要求完成了咨询报告,那么委托人就应当接受并支付报酬,不论咨询结论是否是其希望的结果,否则即是违约,需承担违约责任。实践中,如果当事人对技术咨询合同受托人进行调查研究、分析论证、试验测定等所需费用的负担没有约定或者约定不明确的,由受托人承担。

【案例】 委托人不履行合同义务应承担责任

案例简介：某市授权 A 公司开发该市一块土地，依据该市规定，A 公司在实际开发前需编制污染物风险评估报告、环评报告，经该市环保部门批准后方可动工。A 公司遂与 B 公司签订《技术咨询合同书》，由 B 公司出具相关咨询报告，A 公司向其支付咨询费 5 万元。经过实地勘验等一系列评估工作，B 公司向 A 公司出具两份评估报告，根据程序应由被告将报告提交给当地环保局审查并召开评审会，会后经修改形成报批稿，自此 B 公司在合同中的约定才完成。由于 B 公司未将《环境调查及风险评估报告》及时提交给当地环保局，以致后续的工作一直拖延无法履行。为避免工期长期滞后和保证后期开发，市政府取消了与 A 公司的合作，另找其他公司合作。A 公司以合同目的不能实现为由，希望解除与 B 公司的技术咨询合同。

法院认为，《合同法》第三百六十二条规定："技术服务合同的委托人不履行合同义务或者履行合同义务不符合约定，影响工作进度和质量，不接受或逾期接受工作成果的，支付的报酬不得追回，未支付的报酬应当支付。"《合同法》第八条规定:"依法成立的合同,对当事人具有法律约束力。当事人应当按照约定履行自己的义务,不得擅自变更或者解除合同。依法成立的合同,受法律保护。"被告无权单方面解除合同。[1]

知识点:技术咨询合同委托方应积极履行合同义务,否则如果导致咨询报告出现偏差或者造成其他损失,应承担相应责任。

技术咨询合同受托人的法定义务有哪些?

答 《合同法》第三百五十八条规定,技术咨询合同的受托人应当按照约定的期限完成咨询报告或者解答问题;提出的咨询报告应当达到约定的要求。

具体来说,技术咨询合同受托人的法定义务包括以下几项要求。

第一,时间上的要求,即受托人应当在合同约定的期限

---

[1] 参见浙江省绍兴市中级人民法院(2017)浙06民初422号民事判决书。内容有所改动。

内完成受托的技术咨询任务,并向委托人提交咨询报告或解答相关问题。如未能在规定时间内完成任务,则需承担相应的违约责任。

第二,质量要求,受托人提供的咨询报告应当达到约定标准。所谓约定标准即是合同双方在订立合同时,就咨询报告的质量和内容所形成的共识。

第三,发现委托人提供的技术资料、数据有明显错误和缺陷的,应当及时通知委托人补充、修改。

第四,关于保密义务,当事人可约定就技术咨询合同委托人提供的技术资料和数据或者受托人提出的咨询报告和意见相互保密,任一方如果泄露相关信息则需承担违约责任。但如果当事人对技术咨询合同委托人提供的技术资料和数据或者受托人提出的咨询报告和意见未约定保密义务,当事人一方引用、发表或者向第三人提供的,不认定为违约行为,但侵害对方当事人对此享有的合法权益的,应当依法承担民事责任。

【案例】 技术咨询合同受托人的资质要求问题

案例简介:我国法律法规及建设部的规章明文规定,对设计市场实行从业单位资质、个人执业资格准入管理制度。上海市有明确规定，凡外省市单位来沪从事勘察设计活动须经审查并取得进沪许可证。宋启宽代表的山东邹城康华工程咨询事务所不具备在沪从事工程勘察设计条件，但其与已取得建筑工程设计资质及进沪许可证的蚌埠院签订了联营协议，1996年至1997年上半年原告宋启宽冒用蚌埠院的名义先后承接了六十中学教育辅助用房、金海马小区、佳宇大厦等三个项目的工程设计任务，并组织未取得建筑工程设计从业资格人员进行设计，收取无证设计的费用。上海市建筑业管理办公室对宋启宽作出责令停止建筑活动并处5万元罚款的行政处罚决定。宋不服，遂对上海市建筑业管理办公室提起行政诉讼。

法院认为：原告与蚌埠院签订联营协议，是一种违反规定的挂靠行为，原告宋启宽并不能因此取得在沪从事设计活动的资格。1996年至1997年上半年原告宋启宽冒用蚌埠院的名义先后承接了六十中学教育辅助用房、金海马小区、佳宇大厦等三个项目的工程设计任务，组织未取得建筑工程设计从业资格人员进行设计，收取无证设计的费用，并在三个工程项目图纸上均使用了复制的应由市建委统一颁发的施工图出图专用章等,是一种违法的无证设计行为,因此维持行政处罚决定。[1]

知识点:在一些领域提供技术咨询服务需要具备一定的资质,因为在这些领域如果发生技术问题将可能导致严重后果。比如本案涉及的建筑设计领域,如果发生事故将导致严重的人员伤亡和财产损失。因此实践中,对于技术咨询合同的委托方来说,应当首先明确受托方是否具有相关资质,而就受托方而言,其欲在某行业提供咨询服务需要首先明确法律是否要求其具备相应资质。

如果技术咨询合同委托人不履行相应合同义务,应当承担何种法律责任?

答 《合同法》第三百五十九条规定:"技术咨询合同的委托人未按照约定提供必要的资料和数据,影响工作进度和质

---

[1] 参见上海市徐汇区人民法院(2000)徐行初字第5号行政判决书。内容有所改动。

量,不接受或者逾期接受工作成果的,支付的报酬不得追回,未支付的报酬应当支付。"

根据上述条文以及相关司法解释的规定,委托人的违约责任主要体现在以下方面。

在报酬的支付方面,委托人未按照约定提供必要的数据和资料,或者所提供的数据、资料有严重缺陷,影响工作进度和质量的,已支付的报酬不得追回,未支付的报酬应当支付;委托人不接受或者逾期不接受工作成果的,向受托人支付的报酬不得追回,未支付的报酬应当支付,并且还应当支付受托人因保管工作成果所支出的费用。

其他法律责任方面,委托人未按照约定提供必要的资料和数据,受托人可以通知委托人补正,委托人在接到补正通知后未在合理期限内答复并予补正的,发生的损失由委托人承担(《最高人民法院关于审理技术合同纠纷案件适用法律若干问题的解释》第32条);委托人逾期不提供或者不补充有关技术资料、数据和工作条件,导致受托人无法开展工作的,受托人有权利解除技术咨询合同。[1]

---

[1] 崔建远:《合同法》,北京大学出版社2016年版,第613页。

技术咨询合同受托人提出的咨询报告应当达到何种标准?

答 合同当中有约定的标准的,从其约定;无约定的,咨询报告应当符合相应的国家标准、行业标准;若缺乏以上标准,则应按照符合合同目的的标准确定。

【案例】 卢德荣与贵州地元生态工程有限公司等技术咨询合同纠纷案

案例简介:2010年3月,甲方黔西县城关镇潘家湾砂场(法定代表人卢德荣)与乙方贵州地元生态工程有限公司(以下简称"地元公司")签订《合同书》,合同约定:"甲方委托乙方承担地质简测等编制工作;甲方应向乙方支付的总费用共计6.8万元;乙方应按国家规定和合同约定的技术规范、标准进行编制,按规定向甲方交付成果,并对提交的成果质量负责。"该合同订立时,卢德荣向地元公司支付了约定的前期工作费。

同月,地元公司向卢德荣交付了《黔西县城关镇东源砂场地质简测报告》(以下简称《报告》),其内容显示:"黔西县城关镇东源砂场矿山类资源量为74.02万立方米,属小型露天开采的石灰岩矿山,按年生产规模5万立方米计,服务年限约14.8年。"

2010年4月,黔西县国土资源局向卢德荣颁发了《采矿许可证》,并收取探矿权、采矿权价款等共计175 960元。其后,卢德荣发现该矿山并无资源可采,于是将地元公司诉至法院,请求法院判令被告地元公司赔偿其相应损失。

本案一审期间,双方就《报告》是否达到应有的标准产生了争议,一审法院认为:双方签订的合同对《报告》所要达到的标准未予约定,对此,根据《合同法》相关规定,因《报告》并无国家标准、行业标准,故应按照符合合同目的的标准来确定。鉴于双方均认可编制《报告》是为了卢德荣获取采矿许可证,报告应达到国土资源局据以颁发采矿许可证的标准。而从被告履约的情况来看,《报告》指向的矿山因无资源可采,致使原告卢德荣向国土资源局申请异地技改,原告卢德荣的合同目的未能实现,被告履约不符合合同目的,其应承担相应的损失赔偿责任。后双方均提出上诉,二审期间,地元公司认为其提交的《报告》达到了应有的标准,后二审法院依据申请,委托毕节市国土资源局就涉案《报告》

的真实性、合理性进行了鉴定。鉴定意见认为"编制单位将未达到可采厚度的泥质白云岩和黏土岩全部作为砂石矿进行了资源量估算,资源量估算不合理,估算的砂石矿资源不能作为工业矿体开采"。二审法院对鉴定意见的结论予以了采纳,并维持了对《报告》不符合国家行业标准,被告构成瑕疵履行的认定。[1]

知识点:根据上述案例可以看出,技术咨询合同中,受托人提出的咨询报告首先应达到合同双方约定的标准;如合同当中没有约定,则按照《合同法》第六十二条之规定来确定,即当事人就有关合同内容约定不明确,依照本法第六十一条的规定仍不能确定的,按照国家标准、行业标准履行;没有国家标准、行业标准的,按照通常标准或者符合合同目的的特定标准履行。而上述案例中,因地元公司提供的《报告》内容上有瑕疵,导致卢德荣依此《报告》取得采矿权进行采矿的目的未能实现,因此,地元公司的咨询报告并没有达到应有的标准,依法应当赔偿给卢德荣造成的相应损失。

---

[1] 参见贵州省高级人民法院(2014)黔高民三终字第10号民事判决书。

如果技术咨询合同的受托人未按期提出咨询报告或者提出的咨询报告不符合约定，应承担何种法律责任？

答 根据《合同法》第三百五十九条规定，技术咨询合同的受托人未按期提出咨询报告或者提出的咨询报告不符合约定的，应当承担减收或者免收报酬等违约责任。

具体包括：受托人迟延提交咨询报告和意见的，应当减收或者免收报酬，并承担违约责任；提交的咨询报告和意见不符合合同约定条件的，应当减收或者免收报酬，并承担违约责任；不提交咨询报告和意见，或者所提交的咨询报告和意见水平低劣，无参考价值的，应当免收报酬，并承担违约责任；受托人在接到委托人提交的技术资料和数据后，不进行调查论证，委托人有权利解除合同，受托人应当返还委托人已付的报酬，并承担违约责任，但合同另有约定的除外。

技术咨询合同的委托人按照受托人符合约定要求的咨询报告和意见作出决策所造成的损失，应当由哪一方承担？

答 《合同法》第三百五十九条规定："技术咨询合同的

委托人按照受托人符合约定要求的咨询报告和意见作出决策所造成的损失,由委托人承担,但当事人另有约定的除外。"即,受托人提供的咨询报告和意见经验收合格后,委托人是否采纳以及如何采纳受托人作出的咨询报告或者意见,由委托人自行决策。受托人对委托人实施咨询报告或意见所受到的损失,不负赔偿责任,除非合同另有约定。本款的内容,体现了技术咨询合同的决策风险责任。之所以如此设定,主要原因有以下几点。

首先,技术咨询合同的受托人为委托人完成的咨询建议、设计方案、分析调查结论以及可行性报告等,是受托人根据自己掌握的技术知识、信息和经验对技术项目进行的分析、论证和预测,只供委托人决策时选择参考,不是直接可以付诸实践的技术研究成果。

其次,技术咨询合同的履行具有滞后性,委托人是在受托人提交咨询报告或意见后,经过鉴别和取舍后才实施的。而社会客观情况是复杂多变的,此时的咨询报告或意见是否还能适应实际情况,起到指导实践的作用,尚有待实践的检验。

再次,正确的咨询报告或意见付诸实施后,还要根据实际情况采取相应的措施，有时要作必要的修改和补充，而技术咨询合同的受托人一般不参加委托人对技术项目的决策和实施，因此，受托人对委托人按照咨询报告和意见作出决策并付诸实施所发生的损失不承担责任，但合同另有约定除外。

【案例】 重庆市渝北区黄印煤矿与重庆一三六地质队技术合同纠纷案

案例简介：受原告重庆市渝北区黄印煤矿委托，被告重庆一三六地质队（以下简称"一三六队"）于2008年11和12月向原告出具了《重庆市渝北区黄印煤矿煤炭资源核实报告》（以下简称"《核实报告》"）和《重庆市渝北区黄印煤矿（改扩建）开发利用方案》（以下简称"《开发利用方案》"），原告支付了被告勘探费用60余万元。该报告探明原告煤炭资源储量105.2万吨，年开采量6万吨。原告于2010年8月根据《核实报告》向重庆市渝北区国土分局缴纳了174余万元煤炭资源开采费，并依法取得了开采权。随后，原告严格按照被告提供的《开发利用方案》进行实际开采，但是，在被告提供的《开发利用方案》和国土部门核准的开采范围内没有发现煤炭。原告遂将被告诉至法院,以被告有过错为由,请求判令被告赔偿原告相关经济损失。

法院审理期间,被告一三六队辩称:(1)被告严格按照国家标准进行报告编制并明确标注了储量的可靠程度,并无违约行为;(2)原告对于估算的资源量可靠程度低是明知的,并且已经书面承诺风险自担。

法院经审理后认为:本案中,被告承担违约责任的前提是其在编制报告的过程中存在过错,即没有按照国际现行标准和相关技术规范提交地质资料。重庆市地质矿业协会对《核实报告》的专家评审意见为:"被告的有关测量方法、测量精度符合测量规范要求。被告的储量估算方法选择正确,参数选取合理,估算结果基本可信,基本符合国土资源部矿产资源储量核实报告编写提纲技术要求。"

但原告在本案中没有举示相反证据证明被告编制的《核实报告》中存在不符合国家标准或者技术要求的部分。且被告在《核实报告》的最后载明:"本矿井地质勘探程度较低,矿井在开采过程中应加强地质勘探工作。"对原告进行了必要的提示,对报告储量的可信度低也有明确的说明。此外,原告在向市国土房管局申请划定矿区的开发利用方案中,特别出具了承诺书,承诺"矿产资源量可靠程度低,开发利用有一定风险,在开发利用中一切风险责任由我公司承担,与一三六队无关"。作为专业的煤炭开采单位,原告对于估算的资源量可靠程度低是明知的,对据此进行的开采行为所可能产生的商业风险也应该是清楚的。

《合同法》第三百五十九条规定:"技术咨询合同的委托人按照受托人符合约定要求的咨询报告和意见作出决策所造成的损失,由委托人承担,但当事人另有约定的除外。"本案被告按照国家标准和行业规范编制了报告并通过了专家评审,被告在报告中标注报告结论的可靠程度较低,并明确提示原告要加强勘探工作,被告没有违约行为,不存在过错。因此,原告基于该技术咨询意见所作出的商业决策,以及具体操作实施可能带来的损失应自行承担。最终,法院判决驳回原告重庆市渝北区黄印煤矿的全部诉讼请求。[1]

知识点:对于技术咨询合同而言,其合同的目的仅是受

---

[1] 参见重庆市第一中级人民法院(2013)渝一中法民初字第00971号民事判决书。

托人为委托人进行科学研究、技术开发、成果推广、技术改造等项目提出的建议、意见和方案,供委托人在决策时参考,本质上并不是某些立竿见影的科技成果,而是供委托人选择的咨询报告。[1]因此,受托人提供符合标准的咨询报告之后,是否依照被告内容进行实施由委托人决定,而实施之后产生的后果也由委托人自行承担。

什么是技术服务合同?

❓ 《合同法》第三百五十六条规定:"技术服务合同是指当事人一方以技术知识为另一方解决特定技术问题所订立的合同,不包括建设工程合同和承揽合同。"

技术服务合同中所称的"特定技术问题",是指需要运用专业技术知识、经验和信息解决专业技术工作中有关改进产品结构、改良工艺流程、提高产品质量、降低产品成本、节约资源能耗、保护资源环境、实现安全操作、提高经济效益和社会

---

[1] 周大为:《技术合同法导论》,中国人民大学出版社1988年版,第336页。

效益等专业技术问题(《最高人民法院关于审理技术合同纠纷案件适用法律若干问题的解释》第三十三条)。

依照技术服务合同的内涵,符合下列条件的,可以认定是技术服务合同:

(一)合同的标的是运用专业技术知识、经济和信息解决特定技术问题的项目;

(二)服务内容是改进产品结构、改良工艺流程、提高产品质量、降低产品成本、节约资源能耗、保护资源环境、实现安全操作、提高经济效益和社会效益等专业技术工作;

(三)工作成果有具体质量和数量指标;

(四)技术知识的传递不涉及专利和技术秘密成果的权属。

此外,按照合同内容的不同,技术服务合同可划分为四种类型,分别是:

(一)技术辅助服务合同,包括产品设计合同、工艺编制合同、测试分析合同、计算机程序编制合同、工程计量合同等;

(二)技术中介合同,是指当事人一方以知识、技术、经验和信息为另一方与第三人订立合同进行联系、介绍以及对履行合同提供专门服务所订立的合同;

（三）技术培训合同，是指当事人一方委托另一方对指定的学员进行特定项目的专业技术训练和技术指导所订立的合同，不包括职业培训、文化学习和按照行业、法人或其他组织的计划进行的职工业余教育；

（四）名为技术转让实为技术服务合同，是指当事人一方以技术转让的名义提供已进入公有领域的技术，或在技术转让合同履行过程中合同标的技术进入公有领域，但是技术提供方进行技术指导、传授技术知识，为对方解决特定技术问题符合约定条件的，按照技术服务合同处理，约定的技术转让费可视为提供技术服务的报酬和费用，但法律、行政法规另有规定的除外。

技术服务合同的委托人的法定义务有哪些？

答《合同法》第三百六十条规定："技术服务合同的委托人应当按照约定提供工作条件，完成配合事项；接受工作成果并支付报酬。"

根据本条要求，技术服务合同的委托人应当全面履行合同约定的义务。具体包括以下几个方面。

第一,按照合同的约定提供工作条件,完成配合事项。应受托人的要求,在约定的期限内补充、修改或者更换已提供的、不符合合同约定的技术资料、数据、样品、材料或者工作条件,并及时通知受托人。

第二,按照合同的约定,承担受托人完成专业技术工作,解决技术问题需要的经费。当事人对受托人提供服务所需费用的负担没有约定或约定不明确的,由受托人承担(《最高人民法院关于审理技术合同纠纷案件适用法律若干问题的解释》第三十五条)。

第三,在履行合同期间,对受托人因发现继续工作对材料、样品或者设备等有损坏危险,而中止工作的通知以及处理建议,在约定的期限内作出答复。

第四,接受工作成果并支付报酬。

第五,对受托人完成的工作成果承担保密义务。若双方当事人之间约定了保密义务,从其约定。即使没有约定,按照具体合同的内容和性质应当适用《合同法》第六十条规定的,当事人也负有保密义务。[1]

---

[1] 崔建远:《合同法》,北京大学出版社2016年版,第619页。

技术服务合同的委托人应当提供哪些工作条件？

答 委托人应当提供双方合同约定的工作条件，包括相应的场地、设备、技术资料、数据、样品、材料等完成技术服务合同必需的条件。

技术服务合同受托人的法定义务有哪些？

答 《合同法》第三百六十一条规定："技术服务合同的受托人应当按照约定完成服务项目，解决技术问题，保证工作质量，并传授解决技术问题的知识。"

根据上条规定，受托人的法定义务主要包括以下几项。

第一，按照约定完成服务项目，解决技术问题，并保证工作质量。根据技术服务合同的目的及功能，受托人按照双方约定完成服务项目，解决技术问题，为其主给付义务，必须适当履行。

第二，传授解决技术问题的知识。按照技术服务合同类型的不同，传授解决技术问题的知识有时为附随义务，有时又为主给付义务。

第三,发现委托人提供的技术资料、数据、样品、材料或者工作条件不符合合同约定的,应当及时通知委托人在约定的期限内补充、修改或者更换。在履行合同期间,发现继续工作对材料、样品或者设备等有损坏危险时,应当中止工作,也应及时通知委托人或者提出建议。

第四,保管委托人交给的技术资料、样品、材料。基于技术服务合同正常履行的需要,依照当事人的约定,委托人提供给受托人有关的技术资料、样品、材料等,受托人负有依善良管理人的注意保管的义务。

第五,对委托人提供的技术资料、数据、样品承担保密义务。依照技术服务合同的性质或者当事人之间的约定,受托人对某些技术及其数据、资料等负有保密义务的,受托人必须遵守。

技术服务合同的委托人不履行法定义务的后果是什么?

答 《合同法》第三百六十二条规定:"技术服务合同的委托人不履行合同义务或者履行合同义务不符合约定,影响工作进度和质量,不接受或者逾期接受工作成果的,支付的报酬不得追回,未支付的报酬应当支付。"

技术服务合同的当事人违反合同约定,应当承担违约责任。委托人不履行合同义务或者履行合同义务不符合约定,影响工作进度和质量,不接受或者逾期接受工作成果的,支付的报酬不得追回,未支付的报酬应当支付。具体包括以下几个方面。

委托人未按照合同约定提供有关技术资料、数据、样品和工作条件,影响工作质量和进度的,应当如数支付报酬。委托人逾期不提供约定的工作条件的,受托人有权解除合同,委托人应当支付违约金或者赔偿由此给受托人造成的损失。

委托人逾期不支付报酬或者违约金的,应当交还工作成果,补交报酬,支付违约金或者赔偿损失。

委托人迟延接受工作成果的,应当支付违约金和保管费。委托人逾期不领取工作成果的,受托人有权处分工作成果,从所获得的收益中扣除报酬、违约金和保管费后剩余部分返还委托人,所获得的收益不足抵偿报酬、违约金和保管费的,有权请求委托人赔偿损失。

此外,委托人还应当承担在接到受托人关于提供的技术资料、数据、样品、材料或者工作条件不符合合同约定的通知后,未能在约定的期限内补充、修改、更换或者不按期作出答复的责任;承担在履行合同期间,接到受托人因发现继续工作将对材料、样品或者设备等发生损坏危险而中止工作或者处理建议的通知后,未在约定的期限内作出答复的责任;承担违反保密义务,泄露受托人完成的需要保密的工作成果的责任。

技术服务合同的委托人不履行法定义务造成合同未能完成,委托人已支付的报酬如何处理?

❷ 《合同法》第三百六十条规定:"技术服务合同的委托人应当按照约定提供工作条件,完成配合事项;接受工作成果并支付报酬。"以上内容即是技术服务合同委托人的法定义务。若委托人不履行,从而导致合同未能完成的,则依据《合同法》第三百六十二条规定处理:"技术服务合同的委托人不履行合同义务或者履行合同义务不符合约定,影响工作进度和质量,不接受或者逾期接受工作成果的,支付的报酬不得追回。"

技术服务合同的委托人不履行法定义务导致合同未能完成，未支付的报酬应如何处理？

答 技术服务合同是当事人一方以技术知识为另一方解决特定技术问题所订立的合同。技术服务合同的委托方的主要义务有下列几项。

（一）按照合同约定为受托人提供工作条件，完成需要配合的事项。

（二）按期接受服务方的工作成果，并支付报酬。

（三）受托人履行合同过程中，非因其过错而遭受的损失以及受托人为了履行合同而负担的合理必要的债务，委托人应当赔偿或者清偿。受托人完成委托事务的，委托人应当向其支付报酬。因不可归责于受托人的事由，委托合同解除或者委托事务不能完成的，委托人应当向受托人支付相应的报酬。当事人另有约定的，按照其约定。

根据《合同法》第三百六十二条规定，技术服务合同的委托人不履行合同义务或者履行合同义务不符合约定，影响工作进度和质量，不接受或者逾期接受工作成果的，支付的报酬不得追回，未支付的报酬应当支付。

【案例】 中建奔达公司与澳川公司技术服务合同纠纷案

案例简介：中建奔达公司和博顺公司（后更名为澳川公司）签订技术服务合同，合同约定：博顺公司为委托方，委托中建奔达公司对其混凝土搅拌站的计算机网络管理系统进行设计及建设。具体内容涉及：管理系统软件的开发、设备安装及调试、WINDOSNT网络安装与调试。中建奔达公司提供系统开发及安装的全部材料与设备，完成共15个信息点的综合布线。工程项目分为软件开发设计与硬件设备两个部分。工期自合同签订之日起7日内完成，工程完成后双方进行验收，博顺公司对系统及设备可以安装调试后1个月内提出异议。该工程软件系统应含有8个子系统，服务器、工作站、布线设备等硬件设备的合计总造价为197 530元，合同签订后由博顺公司支付第一期款项3万元，余款在验收后两个月内付清。如工程未按期交付，则中建奔达公司按照每日3‰支付违约金；如博顺公司在验收通知书送达5日内仍不进行验收的，则博顺公司按照每日3‰支付违约金。

合同签订后，博顺公司随即向中建奔达公司支付了第一期款项3万元，并且按照合同约定进行了软件系统的开发与设计，且在博顺公司办公场所进行布线及硬件设备与软件系统的安装及调试等工作。合同履行期间内，博顺公司变更公司名称为澳川公司，且在合同期满后以澳川公司名义对工程进行了验收，验收报告显示系统缺少质检关系子系统。6个月后，鉴于澳川公司迟迟未付清剩余工程款，中建奔达公司向法院提起诉讼，要求澳川公司支付剩余工程款，并支付违约金。澳川公司提起反诉，称中建奔达公司所设计的软件系统中只有7个子系统，且缺少2个工作站，尚未完全履行合同义务，属于工程延期，要求解除合同，返还工程款并支付违约金。

  法院审理后认为，该技术服务合同的签订是双方真实意思的表示，是有效的，双方均应实际履行。博顺公司变更公司名称为澳川公司，本案中涉及的权利义务应由澳川公司承担。根据合同履行情况，考虑合同双方的实际利益，法院判定合同终止履行。对于澳川公司提出的硬件设备缺少2个工作站，因已经超过了合同约定的异议期限，且澳川公司实际上也已经接收了硬件设备，认定中建奔达已经向澳川公司实际交付了合同约定的全部硬件设备。已经完成验收，中建奔达公司已经履行合同主要义务，澳川公司应支付剩余的技术服务费。对于验收报告中显示的尚缺少质检管理子系统，中建奔达公司构成违约,应当赔偿澳川公司相应的损失。[1]

知识点:企业法人常常由于生产经营的需要而合并或分立,企业法人的合并分立会引起其主体资格、法人财产等方面的变化,在合并或分立后,根据我国法律规定,对外债权债务概括的转移被称为合同的继受。本案中公司名称变更,由变更后的公司对原合同的权利义务进行继受。

根据《合同法》第一百零七条规定,当事人一方不履行合同义务或者履行合同义务不符合约定的,应当承担继续履行、采取补救措施或者赔偿损失等违约责任。委托方应当在合同约定的期限内积极完成验收并支付相应报酬,不在合同约定的期限内进行验收,提出异议,视为已经验收合格。本案中澳川公司并未及时地对硬件设备进行验收,则视为已经验收通过,应当支付该部分价款。但是,对于已经在验收过程中指出的问题,中建奔达公司应当承担相应的责任,采取补救措施,或赔偿澳川公司相应的损失。

---

[1] 案例改编自程永顺《技术合同判例》,知识产权出版社2010年版,第8页。

技术服务合同的受托人不履行法定义务的后果有哪些?

答 受托人的主要义务有三项。

(一)按期完成合同约定的服务项目,解决技术问题,保证工作质量。

(二)传授解决技术问题的知识。

(三)受托人还应当及时检查和确认委托人所提供的资料、数据、样品、材料、场地等工作条件是否符合约定。如果未在合理期限内通知委托人,就视为认可委托人提供的物质技术条件。

技术服务合同的受托人应当按照约定完成服务项目,解决技术问题,保证工作质量,并传授解决技术问题的知识。根据《合同法》第三百六十二条规定,技术服务合同中,技术服务合同的受托人未按照合同约定完成服务工作的,应当承担免收报酬等违约责任。具体包括以下四种情形。

(一)受托人发现委托人提供的技术资料、数据、样品、材料或者工作条件不符合合同约定,但不及时通知委托人的,受托人应承担相应的责任。受托人在履行合同期间,发现继续工作对材料、样品或者设备等有损坏危险,但未及时通知委托人或者未采取适当措施的，受托人应承担相应责任。

（二）受托人迟延交付工作成果的，应当支付违约金。其中受托人逾期2个月不交付工作成果的，委托人有权解除合同，受托人应当交还技术资料和样品，返还已付的报酬，支付违约金或者赔偿损失。

（三）受托人工作成果、服务质量有缺陷，但委托人同意使用的，受托人应当减收报酬并采取适当补救措施；工作成果、服务质量有严重缺陷，没能解决合同约定的技术问题的，受托人应当免收报酬，支付违约金或者赔偿损失。

（四）受托人对委托人提供的技术资料、样品等因保管不善而造成技术资料、样品灭失、缺少、变质、污染或者损坏的，应当赔偿相应的损失。技术服务合同的标的在短期内难以发现缺陷的，当事人可以在合同中约定保证期，在保证期内发现服务质量缺陷的，受托人应当负责返工或者采取补救措施，但因委托人使用、保管不当引起的问题除外。

【案例】 福成公司与戴梅芳技术服务合同纠纷案

案例简介：福成公司与戴梅芳签订线材散冷技术服务合

同,双方约定:戴梅芳利用其掌握的线材散冷技术,在合同签订后二年内为福成公司设计、指导性安装及调试线材散冷设备。合同履行期间,戴梅芳不得对其他单位或个人进行线材散冷技术服务,且在福成公司有线材散冷技术服务需要时,戴梅芳应及时赶到确保合同顺利完成。福成公司分6次支付给戴梅芳二年承包期间30万元技术服务费,给戴梅芳手机一部并支付使用费用。

合同签订后,福成公司向戴梅芳支付了10万元,并交付了手机一部,但是戴梅芳未按照合同履行约定义务,且福成公司得知,在合同期间,戴梅芳私自向玉昆钢铁集团有限公司提供散冷技术服务。福成公司向人民法院提起诉讼,要求判令解除双方《线材散冷技术服务合同》;判令被告返还10万元并支付利息;判令被告返还手机及使用期间所产生的费用;判令被告赔偿原告损失30万元。

法院经审理认为,被告戴梅芳在合同履行期间未按照合同约定妥善履行合同义务,构成违约。且其在合同履行期间私自为玉昆钢铁公司提供线材散冷技术服务,均系违约行为。但是,被告戴梅芳对于合同的履行是分项的、多次的履行。根据《合同法》第三百六十二条规定,技术服务合同的受托人未按照合同约定完成服务工作的,应当承担免收报酬等违约责任。这是指在受托人完全没有履行合同义务、合同目的完全没有达到的情况下,违约方才"免收报酬"。而法院查明,戴梅芳并非完全没有履行合同,其在合同期间为福成公司提供了部分线材散冷技术服务。故要求其全部返还原告福成公司支付的10万元不合理,依据不足。遂判定由原告酌情支付3万元报酬,其余7万元返还。[1]

知识点:《合同法》第三百六十二条有关"技术服务合同的受托人未按照合同约定完成服务工作的,应当承担免收报酬等违约责任"的规定,指的是出现当事人有重大违约行为,合同约定的义务完全没有履行、合同目的完全没有达到的根本性违约时,违约方才应承担免收报酬的违约责任。本案中,合同约定的技术服务行为是分项的、多次的履行。戴梅芳已经部分履行了技术服务协议的义务,福成公司也达到了部分合同目的,根据合同公平原则,应当适当给予戴梅芳相应的报酬。

---

[1] 案例改编自程永顺主编:《技术合同判例》,知识产权出版社2010年版,第24页。

技术服务合同的委托人不履行法定义务达到何种程度时应承担不利后果？

☙《合同法》第三百六十二条规定，技术服务合同的委托人不履行合同义务或者履行合同义务不符合约定，影响工作进度和质量，不接受或者逾期接受工作成果的，支付的报酬不得追回，未支付的报酬应当支付。由此，委托人不履行法定义务，如未按照约定提供相关的技术资料、数据、样品、工作条件等，且已经达到影响工作进度和工作质量的程度，则应当承担相应的违约责任。

具体来说，委托人不履行法定义务主要有以下几种情形。

（一）未按合同约定提供有关技术资料、技术数据、相关文件、工作条件，影响工作质量、进度，应承担如约支付报酬的违约责任。

（二）未按合同约定按期接受受托方的工作成果逾期两个月，应承担支付受托人违约金或赔偿损失的责任。

（三）未按合同约定的时间、方式、地点支付受托人报酬逾期达两个月，应承担归还工作成果、支付报酬、赔偿损失的责任。

（四）未按合同约定接受工作成果逾期达六个月，应支付受托人违约金、赔偿金、保管费。

（五）违反合同约定，影响工作进度和质量，不接受或者逾期接受受托人的工作成果，支付的报酬不得追回，未支付的报酬应当支付。此外，委托人如违反合同约定的保密义务，应承担支付违约金或者赔偿损失的责任。

根据《最高人民法院关于技术合同纠纷案件适用法律若干问题的解释》第十一条规定，技术合同无效或者被撤销后，技术开发合同研究开发人、技术转让合同让与人、技术咨询合同和技术服务合同的受托人已经履行了约定的义务，并且造成合同无效或者被撤销的过错在对方的，对其已经履行部分应当收取的研究开发经费、技术使用费、提供咨询服务的报酬，人民法院可以认定为因对方原因导致合同无效或者被撤销给其造成的损失。

技术咨询合同履行过程中，受托人利用委托人提供的技术资料和工作条件完成的新技术成果归属于谁？

❓ 技术咨询合同是指当事人一方为另一方就特定技术项

目提供可行性论证、技术预测、专题技术调查、分析评价报告所订立的合同。新的技术成果是指，技术咨询合同或者技术服务合同的当事人在履行合同义务之外派生完成的或者后续发展的技术成果。在技术咨询合同的履行过程中，受托人在对委托人提供的数据、资料和背景材料进行研究分析、论证时，可能会产生新的技术成果；委托人根据受托人提供的咨询报告，在分析、论证的基础上，也可能会开发出新的技术成果。根据《最高人民法院关于审理技术合同纠纷案件适用法律若干问题的解释》第三条和《合同法》第三百二十六条第二款的规定，"物质技术条件"应当包括设备、资金、器材、原材料、未公开的技术信息和资料等。"主要利用委托人的技术资料和工作条件"则包括受托人在技术成果的研究开发过程中，全部或者大部分利用了委托人的资金、设备、器材或者原材料等物质条件，并且这些物质条件对形成该技术成果具有实质性的影响；还包括该技术成果的实质性内容是在委托人尚未公开的技术成果、阶段性技术成果基础上完成的情形等。

《合同法》第三百六十三条规定，在技术咨询合同中，受托人利用委托人提供的技术资料和工作条件完成的新的技术成果，属于受托人。应当明确，此处的"利用"指的是主要利用。当事人可以在技术咨询合同或者技术服务合同中约定这种可能产生的技术成果的归属和分享办法。当事人对履行技术咨询合同、技术服务合同所产生的新技术成果的归属和分享办法的特别约定，优于法律的一般原则规定。如果当事人在合同中对新产生的技术成果的归属和分享办法没有约定或者约定不明确，那么，受托人利用委托人提供的技术资料和工作条件完成的新的技术成果，属于受托人。委托人利用受托人的工作成果完成的新的技术成果，属于委托人。另一方无权参与分享新的技术成果。

需要注意的是，这里存在两种例外情况：一种是利用了委托人提供的物质技术条件，但是约定受托人返还资金或者交纳使用费的；第二种是在技术成果完成后利用委托人的物质技术条件对技术方案进行验证、测试的。这两种情况不能认定为"主要利用委托人的技术资料和工作条件"。

委托人利用受托人的工作成果完成的新技术成果应当归谁所有？

答 技术成果是指利用科学技术知识、信息和经验作出的涉及产品、工艺、材料及其改进的技术方案，包括专利、专利申请、技术秘密、计算机软件、集成电路布图设计、植物新品种等。技术成果是技术合同的标的,也是合同当事人权利义务共同指向的对象。根据《合同法》第三百六十三条规定,委托人利用受托人的工作成果完成的新的技术成果,属于委托人。当事人另有规定的,从其约定。也就是说一般情况下,最终成果由谁完成,则该技术成果归谁所有,委托人利用受托人的工作成果完成的新的技术成果归属于委托人,但允许当事人在合同中约定技术成果的归属。

《最高人民法院关于审理技术合同纠纷案件适用法律若干问题的解释》第五条规定,个人完成的技术成果,属于执行原所在法人或者其他组织的工作任务,又主要利用现在所在法人或者其他组织的物质技术条件,应当按照该自然人原所在和现所在法人或者其他组织达成的协议确认权益。不能达成协议的,根据对完成该技术成果的贡献大小由双方合理分享。

在技术咨询合同、技术服务合同中,当事人是否可约定成果的归属主体?

答 《合同法》对于成果的归属充分尊重当事人的意

思自治，允许当事人约定成果的归属主体。《合同法》第三百六十三条规定，在技术咨询合同中，受托人利用委托人提供的技术资料和工作条件完成的新技术成果，属于受托人。委托人利用受托人的工作成果完成的新技术成果，属于委托人。除此之外，《合同法》还进行了兜底规定：当事人对于成果归属另有规定的，按照其约定。这也符合《合同法》意思自治的基本原则。

但也有例外情况，《最高人民法院关于审理技术合同纠纷案件适用法律若干问题的解释》第十一条规定，在技术合同无效或者被撤销后，因履行合同所完成新的技术成果或者在他人技术成果基础上完成后续改进技术成果的权利归属和利益分享，当事人不能重新协议确定的，人民法院可以判决由完成技术成果的一方享有。

附录

上海市有关技术合同与鼓励技术创新规范性文件一览表

Appendix

List of Laws and Regulations on Technology Contracts and Encouragement of Technological Innovation in Shanghai

规范性文件主旨	规范性文件名称	发布时间	级别			
			地方性法规	地方政府规章	市政府文件	上海市相关部门规范性文件
技术合同相关规范	上海市合同格式条款监督条例	2000.7.14	√			
	上海市专利保护条例	2001.12.28	√			
	上海市人民政府办公厅转发市经委等三部门制订的关于上海市专利新产品认定实施办法的通知	2004.9.6			√	
	关于印发《上海市合同格式条款备案办法》的通知	2010.10.11				√
	关于印发《上海市合同格式条款听证规定》的通知	2010.10.11				√
	上海市技术合同登记管理暂行办法（2010修正）	2010.12.20		√		
	技术合同认定登记办事指南	2013.10.22				√
	上海市工商行政管理局关于违反《合同违法行为监督处理办法》《上海市合同格式条款监督条例》行政处罚裁量基准	2014.6.13				√
	上海市商务委关于向浦东新区商务委下放技术进出口合同登记业务的通知	2016.1.4				√
	上海市机关事务管理局关于进一步加强合同管理工作的意见	2016.4.11				√

(续表)

规范性文件主旨	规范性文件名称	发布时间	地方性法规	地方政府规章	市政府文件	上海市相关部门规范性文件
技术合同相关规范	上海市商务委员会关于向嘉定区商务委下放技术进出口合同登记业务的通知	2017.1.4				√
鼓励技术创新政策	上海市科学技术保密实施细则	1982.11.8		√		
	上海市人民政府关于本市企业同兄弟地区企业经济技术合作若干问题的规定	1984.11.19		√		
	上海市政府关于加快本市高科技产业发展的若干意见	1997.10.31			√	
	上海市人民政府办公厅关于进一步加强本市区（县）科技工作的若干意见	2001.11.29			√	
	上海市技术市场条例（2003修正）	2003.6.26	√			
	上海市财政局关于贯彻市政府《关于印发修改后的〈上海市促进高新技术成果转化的若干规定〉的通知》有关土地出让金、土地使用费返还的实施办法的通知	2003.12.17				√
	上海中长期科学和技术发展规划纲要（2006—2020年）	2006.3.31			√	

(续表)

规范性文件主旨	规范性文件名称	发布时间	级别			
			地方性法规	地方政府规章	市政府文件	上海市相关部门规范性文件
鼓励技术创新政策	上海市人民政府关于实施《上海中长期科学和技术发展规划纲要（2006—2020年）》若干配套政策的通知	2006.5.23			√	
	上海市人民政府关于修改《上海市促进张江高科技园区发展的若干规定》的决定	2007.3.29		√		
	上海市人民政府办公厅转发市财政局等三部门关于改进和加强本市财政科技经费管理若干意见的通知	2008.2.24			√	
	上海市人民政府印发《关于加快推进上海高新技术产业化的实施意见》的通知	2009.5.16			√	
	上海市人民政府办公厅转发市经济信息化委关于加快推进本市技术改造工作实施意见的通知	2009.7.3			√	
	上海市人民政府关于批转市发展改革委、市财政局制订的《上海市自主创新和高新技术产业发展重大项目专项资金管理办法》的通知	2009.7.30			√	

(续表)

规范性文件主旨	规范性文件名称	发布时间	级别			上海市相关部门规范性文件
			地方性法规	地方政府规章	市政府文件	
鼓励技术创新政策	上海市人民政府办公厅转发市金融办等八部门关于本市加大对科技型中小企业金融服务和支持实施意见的通知	2009.11.27			√	
	上海市人民政府办公厅转发市科委等三部门关于鼓励和促进科技创业实施意见的通知	2010.4.19			√	
	上海市科学技术进步条例	2010.9.17	√			
	上海市鼓励引进技术的吸收与创新规定（2010修正）	2010.9.17	√			
	上海市合理化建议和技术改进奖励实施办法（2010修正）	2010.12.20		√		
	上海市人民政府办公厅转发市财政局等五部门关于改革和完善市级财政科技投入机制大力促进科技成果转化和产业化实施意见的通知	2011.7.25			√	
	上海市人民政府关于印发上海市技术基础"十二五"规划的通知	2011.11.28			√	

(续表)

规范性文件主旨	规范性文件名称	发布时间	级别			
			地方性法规	地方政府规章	市政府文件	上海市相关部门规范性文件
鼓励技术创新政策	上海市人民政府关于推动科技金融服务创新促进科技企业发展的实施意见	2011.12.6			√	
	上海市发展和改革委员会、上海市财政局、上海市经济和信息化委员会、上海市科学技术委员会关于印发《上海市自主创新和高新技术产业发展重大项目评估管理办法》的通知	2011.12.28				√
	上海市人民政府关于印发上海市科学和技术发展"十二五"规划的通知	2012.4.16			√	
	上海市科学技术奖励规定（2012修正）	2012.12.7		√		
	上海市人民政府办公厅关于转发市经济信息化委等三部门制订的《上海市重点技术改造专项资金管理办法》的通知	2012.12.27			√	
	上海市人民政府办公厅关于转发市科委等三部门制订的《国家科技重大专项资金配套管理办法》的通知	2013.6.26			√	

(续表)

规范性文件主旨	规范性文件名称	发布时间	级别			
			地方性法规	地方政府规章	市政府文件	上海市相关部门规范性文件
鼓励技术创新政策	上海市人民政府印发关于进一步促进本市企业技术改造实施意见的通知	2013.8.5			√	
	中共上海市委、上海市人民政府关于加快建设具有全球影响力的科技创新中心的意见	2015.5.25			√	
	上海市人民政府办公厅关于转发市规划国土资源局制订的《上海市加快推进具有全球影响力科技创新中心建设的规划土地政策实施办法（试行）》的通知	2015.7.13			√	
	上海市人民政府办公厅转发市经济信息化委《关于上海加快发展智能制造助推全球科技创新中心建设的实施意见》的通知	2015.8.13			√	
	上海市人民政府办公厅印发《关于促进金融服务创新支持上海科技创新中心建设的实施意见》的通知	2015.8.21			√	
	上海市人民政府办公厅关于促进上海国家级经济技术开发区转型升级创新发展的实施意见	2015.8.31			√	

(续表)

规范性文件主旨	规范性文件名称	发布时间	级别			上海市相关部门规范性文件
			地方性法规	地方政府规章	市政府文件	
鼓励技术创新政策	上海市人民政府办公厅关于印发《关于进一步加大财政支持力度加快建设具有全球影响力的科技创新中心的若干配套政策》的通知	2015.9.19			√	
	上海市人民政府办公厅印发《关于深化标准化改革促进标准化服务科技创新中心建设工作方案》的通知	2015.10.30			√	
	上海市人民政府办公厅关于印发《关于进一步促进科技成果转移转化的实施意见》的通知	2015.11.5			√	
	中共上海市委办公厅、上海市人民政府印发《关于加强知识产权运用和保护支撑科技创新中心建设的实施意见》的通知	2015.12.29			√	
	上海市人民政府关于印发《本市加强财政科技投入联动与统筹管理实施方案》的通知	2016.4.14			√	
	上海市人民政府关于印发《上海市科技创新"十三五"规划》的通知	2016.8.5			√	

(续表)

规范性文件主旨	规范性文件名称	发布时间	级别			
			地方性法规	地方政府规章	市政府文件	上海市相关部门规范性文件
鼓励技术创新政策	上海市人民政府关于印发《上海市技术基础发展和改革"十三五"规划》的通知	2016.9.5			√	
	中共上海市委、上海市人民政府印发《关于进一步深化人才发展体制机制改革加快推进具有全球影响力的科技创新中心建设的实施意见》	2016.9.26			√	
	上海市促进科技成果转化条例	2017.4.20	√			
	上海市人民政府办公厅关于印发《上海市企业投资技术改造项目行政审批管理改革方案》的通知	2017.5.8			√	
	上海市人民政府办公厅关于印发《上海市促进科技成果转移转化行动方案（2017—2020）》的通知	2017.5.29			√	
	上海市人民政府关于进一步支持外资研发中心参与上海具有全球影响力的科技创新中心建设的若干意见	2017.10.10			√	

(续表)

规范性文件主旨	规范性文件名称	发布时间	级别			
			地方性法规	地方政府规章	市政府文件	上海市相关部门规范性文件
鼓励技术创新政策	上海市人民政府办公厅关于印发《上海市加快推进具有全球影响力科技创新中心建设的规划土地政策实施办法》的通知	2017.11.28			√	
	上海市人民政府办公厅关于转发市经济信息化委制订的《上海市深入推进技术改造巩固提升实体经济能级三年行动计划（2018—2020年）》的通知	2018.4.4			√	
	上海市人民政府办公厅关于印发《上海市建设闵行国家科技成果转移转化示范区行动方案（2018—2020年）》的通知	2018.5.17			√	
	上海市人民政府办公厅关于延长《国家科技重大专项资金配套管理办法》有效期的通知	2018.6.27			√	
	上海市人民政府关于加快本市高新技术企业发展的若干意见	2018.11.3			√	
	上海市人民政府办公厅关于印发本市深化科技奖励制度改革实施方案的通知	2018.12.29			√	

图书在版编目(CIP)数据

技术合同法律问答/叶青,马兴发编.—上海:上海科学普及出版社,2019
(上海科技工作者法律知识丛书)
ISBN 978-7-5427-7671-6

Ⅰ.①技… Ⅱ.①叶…②马… Ⅲ.①技术合同法—中国—问题解答 Ⅳ.①D923.65

中国版本图书馆CIP数据核字(2019)第244541号

策划统筹　蒋惠雍
责任编辑　柴日奕　俞柳柳
整体设计　姜　明

技术合同法律问答

叶　青　马兴发　主编
上海科学普及出版社出版发行
(上海中山北路832号　邮政编码200070)
http://www.pspsh.com

各地新华书店经销　苏州越洋印刷有限公司印刷
开本 787×1092　1/32　印张 10.5　字数 180 000
2020年1月第1版　2020年1月第1次印刷

ISBN 978-7-5427-7671-6　定价:58.00元
本书如有缺页、错装或坏损等严重质量问题
请向出版社联系调换